辛亥著名人物传记丛书

刘景泉 张 健 王雪超 著

宋教仁

团结出版社

图书在版编目（CIP）数据

宋教仁 / 刘景泉，张健，王雪超著. -- 北京：团结出版社，2011.6（2021.5 重印）
（辛亥著名人物传记丛书）
ISBN 978-7-5126-0422-3

Ⅰ．①宋… Ⅱ．①刘… ②张… ③王… Ⅲ．①宋教仁（1882～1913）—传记 Ⅳ．①K827=6

中国版本图书馆 CIP 数据核字 (2011) 第 073760 号

出 版：	团结出版社
	（北京市东城区东皇城根南街 84 号　邮编：100006）
电 话：	（010）65228880　65244790　（出版社）
	（010）65238766　85113874　65133603（发行部）
	（010）65133603（邮购）
网 址：	http://www.tjpress.com
E-mail:	zb65244790@vip.163.com
	tjcbsfxb@163.com（发行部邮购）
经 销：	全国新华书店
印 装：	三河市东方印刷有限公司
开 本：	170mm×240mm　16 开
印 张：	14
字 数：	181 千字
版 次：	2011 年 6 月　第 1 版
印 次：	2021 年 5 月　第 3 次印刷
书 号：	978-7-5126-0422-3
定 价：	39.00 元

（版权所属，盗版必究）

辛亥著名人物传记丛书
编辑委员会

顾　　　问：金冲及　章开沅　李文海

主　　　任：修福金

副　主　任：李惠东　王大可　郑大华

执 行 主 编：王大可

执行副主编：唐得阳　梁光玉

编 辑 人 员：赵广宁　唐立馨　傅雪莎

　　　　　　张　阳　郭　强　朱利国

　　　　　　赵晓丽　王海燕

辛亥著名人物传记丛书
总序言

　　整整一百年前，在中国处于半殖民地半封建黑暗统治的时代，爆发了一场对中国历史发展进程产生巨大影响的革命，这就是以伟大的革命先行者孙中山为代表的革命党人发动的辛亥革命。这场革命，是中国近代历史上一次比较完全意义的反帝反封建的民族民主革命，它推翻了清朝政府，结束了中国几千年的封建君主专制制度，同时沉重打击了帝国主义在华侵略势力。中华民国的建立，标志着中国历史进步的新纪元。辛亥革命极大地推动了中华民族的思想解放，为中国先进分子探索救国救民的道路打开了新的视野，八年后，五四运动爆发；十年后，中国共产党诞生。辛亥革命开启的革新开放之门，对于推动中国社会的发展与进步具有不可估量的历史功绩和伟大意义。

　　以孙中山为代表的革命党人，在开启思想闸门、传播先进思想、点燃革命火种、推动历史进步的过程中发挥了重要作用。他们站在时代前列，为追求民族独立和民主自由而向反动势力宣战；他们不惜流血牺牲，站在斗争一线浴血奋战；他们具有坚定的信念和坚强的意志，愈挫愈奋，在失败中不断汲取和凝聚新的力量；他们适应历史发展的趋势，与时俱进，不断修正前进的方向和斗争的目标。正是因为有了这样一批革命先驱和仁人志士，才有了辛亥革命的爆发，也才有了以此为开端的中国民族民主革命的不断发展和最终胜利。当然，我们在分析评价历史人物时，既要看到他们有超越时代的进步性，又要看到他们不可避免地受到社会客观条件影响而具有的局限性与片面性，这是我们在看待历史人物时应当坚持的历史唯物主义态度,也就是既不文过饰非,也不苛求前人。

几十年来,关于辛亥革命及其重要人物的研究工作不断深入,也陆续出版了大量的图书、画册等,但仍然不十分系统和完整,有些出版物受到时代因素和其他客观条件的影响,难免有失偏颇和疏漏。在即将迎来辛亥革命100周年的时刻,团结出版社编辑出版了本套《辛亥著名人物传记丛书》,并得到国家出版基金的资助,这充分表明了国家对于辛亥革命历史研究的重视。这套丛书的出版,无疑是一件非常有意义的事,既可以对辛亥革命的研究工作起到重要的填补空白和补充资料的作用,同时也是对立下丰功伟绩的仁人志士的纪念与缅怀。

为了保证本套丛书的编辑质量,编辑委员会在民革中央的领导下,做了大量认真细致的组织工作,特别是邀请了著名专家金冲及先生、章开沅先生、李文海先生担任顾问,他们在百忙之中分别对本套丛书的编辑思想、人物范围、框架体例、写作要求等方面提出了重要的指导性意见,成为本套丛书能够高质量出版的重要保证。此外,参与本套丛书写作的,都是在近代历史和人物的研究方面卓有建树的专家学者,他们既有对辛亥革命历史进行深入研究的学术功底,又有较丰富的写作经验和较高的文字水平,因此,我们可以寄希望于本套丛书的出版,会对推动辛亥革命及其重要人物研究工作的不断深入起到重要作用,对弘扬爱国主义、提高民族凝聚力,实现中华民族的伟大复兴产生积极的影响。

周铁农

2011年3月16日

目 录

引 言

宋教仁

- 3　第一章　初萌革命思想
- 4　　一、湘楚文化熏染
- 9　　二、漳江书院"狂生"
- 15　　三、新式学堂启蒙

- 21　第二章　奔走湘鄂大地
- 22　　一、参与创建华兴会
- 26　　二、运动湖北新军
- 31　　三、谋划长沙起义

- 39　第三章　奋笔倡言革命
- 40　　一、创办革命刊物

54　二、维护间岛主权

58　三、研习西方思潮

65　四、主笔《民立报》

81　**第四章　跻身革命中心**

82　一、共同创立同盟会

91　二、领导留学生斗争

95　三、提出革命新思维

102　四、筹划武昌首义

111　**第五章　创建共和政体**

112　一、设计鄂州约法

116　二、成立临时政府

127　三、制定民国约法

133　四、"宋教仁模式"之困

139　**第六章　致力政党政治**

140　一、改组同盟会

147　二、"唐宋内阁"危机

159　三、组建国民党

167　**第七章　献身制宪运动**

168　一、内阁政党化

173　二、争夺制宪权
177　三、壮志终难酬

195　结束语

199　宋教仁年谱简编

引　言

宋教仁（1882—1913），清末民初湖南桃源人，字遯初（亦作钝初），别号渔父。幼年入私塾，1899年进漳江书院学习，1903年考入武昌文普通中学堂，求学期间萌发革命思想。

1904年春，宋教仁与黄兴等人在长沙共同创立华兴会，被举为副会长，开始反清革命活动。不久，又同吕大森、刘静庵等在武昌成立科学补习所，任文书。同年，华兴会策划在长沙等地起义，宋教仁负责常德一路联络发动工作。后因起义计划泄露，被通缉，经上海逃亡日本，先后就读于东京法政大学和早稻田大学。

1905年6月，宋教仁同程家柽等在日本创办《二十世纪之支那》杂志，积极宣传革命。8月，华兴会与兴中会等合组为同盟会时，作为发起人之一，被举为本部司法部检事长。同盟会机关刊物《民报》创刊后，又被推为庶务干事兼撰述员。次年，因黄兴赴安南（今越南），由他代理同盟会庶务，主持本部工作。

1907年4月，宋教仁秘赴中国东北组织同盟会辽东支部，联络义军，谋占奉天。其间，得知日本参谋本部组织的长白山会图谋侵占延边地区，遂撰《间岛问题》一书，以大量确凿证据证明该地区本属中国固有领土。

1910年秋，宋教仁与谭人凤、林时塽、邹永成等谋组中部同盟会，并提出了著名的上、中、下"革命三策"。

1911年1月，宋教仁由日本返回上海，应社长于右任之邀，担任《民立报》主笔，猛烈抨击清廷，反对列强侵略，宣传资产阶级民主革命思想。是年春，应黄兴之邀赴香港参与发动广州起义，事败后返沪。7月，与谭人凤、陈其美等在上海组织中国同盟会中部总会，任文事干事，拟在长江流域各省发动起义。10月，武昌起义爆发后赶赴武汉，协助军政府办理外交，设计起草《中华民国鄂州临时约法》。复返上海后，积极促成上海、江苏等地起义，并帮助孙中山等筹组中央临时政府。

1912年1月，南京临时政府成立，宋教仁任总统府法制院总裁。临时政府迁往北京后，出任农林总长，不久辞职。8月，在北京改组中国同盟会，与统一共和党、国民公党、国民共进会、共和实进会等党派团体组成国民党，被选为理事，不久就任代理理事长。

1913年初，宋教仁遍游湖南、湖北、安徽、南京、上海等地，沿途发表演说，主张成立政党内阁，制定民主宪法，以图制约袁世凯的专制独裁。其间，国民党在国会选举中获得绝对多数席位。宋教仁踌躇满志，准备北上以多数党领袖身份组织责任内阁。3月20日晚，在上海车站被刺。22日晨，不治身亡，时年31岁。

宋教仁是旧民主主义革命时期著名的革命活动家和政治家，革命党内资产阶级自由派的典型代表人物，也是中部同盟会的主要决策人，武昌起义后《鄂州约法》的主要设计者，一直到《临时约法》的制定，民国初年国会的运作，他都是中心人物。他不仅提出和阐释了资产阶级自由分权主义议会政治的政治纲领，而且身体力行，坚持不懈，人称"议会迷"。

湘楚文化蕴含的自强不息精神，成为宋教仁一生从事革命活动的真实写照。作为一位充满革命热情的理想主义者，面对国事、家事和疾病的折磨，并且经历了多次革命失败后，他没有消沉，而是毅然从逆境中奋起，振作精神，投入轰轰烈烈的革命洪流中去。他与孙中山、黄兴等革命领袖一起，为中国的民主革命摇旗呐喊，并且在斗争实践中，将自己锻炼成为一位出色的革命组织者和领导者。

老同盟会会员杨熙绩曾这样评论孙中山、黄兴、宋教仁三位革命领袖："孙先生会宣传，会动员，不管谁听了他一席话、一次演说，谁就会跟着他走，赴死不辞；黄克强是个实行家，不声不响，就干起来了；宋遯初深沉稳健，又通达计谋，是我们党的智囊。"

对此类评论，学界多有赞同者，认为在辛亥革命早期的领导集团中，宋教仁既不属于孙中山那种宏观提出政治纲领的导师型领袖人物，也不属于黄兴那种专心致志从事武装斗争的军事型领袖人物，同章太炎那种长于论辩的学者型领袖人物也有所区别，他属于那种运筹帷幄、折冲樽俎的政治型领袖人物，一位天才的革命组织者和宣传鼓动家。

纵观宋教仁的一生，应该说上述评论是比较符合实际的。

宋教仁

第一章
初萌革命思想

湘楚文化熏染

漳江书院"狂生"

新式学堂启蒙

一、湘楚文化熏染

宋教仁的家乡湖南,是我国中南部的一个省份,因其大部分地域位于浩瀚的洞庭湖以南而得名。湖南省北临长江与湖北接壤,南枕五岭与广东、广西相邻,西则凭云贵高原和武陵山脉连接贵州、重庆,东依罗霄山脉与江西为界。湖南境内最大的河流是湘江,古代曾几次在此设置湘州,湖南由此而简称"湘"。西周时期此地曾有楚国,故又泛称"楚地"。楚人先祖本是华夏民族的一支,深受华夏文明的影响,建国之地又位于黄河、长江流域之间,成为多元文化碰撞交融之地。楚地先民在这片沃土上辛勤耕耘,吸收各种文化的特点,逐渐形成了光辉灿烂、独具特色的湘楚文化。

爱国主义是湘楚文化的一个显著特征。在强邻的夹缝中顽强地求生存,在艰苦的环境中坚韧地谋发展,造就了楚人剽悍的民风和尚武的精神,以及民族和国家利益至上的家国情怀。屈原更是以赤子之心著成不朽诗篇《离骚》,并自沉汨罗、以死报国,奏响了湘楚大地古老悲壮而又经久不息的爱国乐章,成为后世爱国主义者心中的楷模。

鸦片战争后,伴随着西方列强的入侵,古老的湘楚文化同样遭遇到西方文明的猛烈冲击。国家的危难,时势的巨变,迫使一些先进知识分子不再埋头义理考据之学,而是抬起头来,面对现实,研究实际问题,注重社会实践。他们有的是声名卓著的督抚大吏,有的是官职卑微的下层官员,有的是切于时务的学者文人,无论何种身份,都有一个共同的特点,那就是以"经世致用"为己任,或致力于著书立说,或投身于社会改革。在当时掀起的这股经世致用的社会思潮,其兴起和传播,又以湖南最为突出。

1826年,由湖南善化(今长沙市)人贺长龄主持、邵阳人魏源编纂的《皇朝经世文编》问世。该书辑录清初至道光前官方文书、专著、述论、奏疏、书札等文献2236篇，分为学术、治体、吏政、户政、礼政、兵政、刑政、工政8类，共120卷，反映了清代前期和中期部分官吏和学者"经世致用"的思想及改革图治的愿望。特别是魏源在"叙"中提出"善言心者，必有验于事矣"，"善言古者，必有验于今矣"等观点，主张文章贵在能够联系实际、切合实用，对近代湖南知识分子的思想解放产生了深远影响。该书在当时颇受欢迎，"三湘学人，诵习成风"，这也标志着经世致用思潮的兴起。

1842年，魏源又写成了《海国图志》50卷，后经修订、增补，到1852年成为100卷本。这是我国最早的一部由中国人自己编写的介绍世界各国情况的巨著，摒弃了九州八荒、天圆地方、天朝中心的传统观念，囊括了各国地理、历史、政制、经济、宗教、历法、文化、物产等近代自然科学知识和世界史地知识，拓宽了国人的视野，堪称近代中国人放眼看世界的一部力作。

宋教仁就诞生在讲求经世致用之风的湘楚文化环境中。1882年4月5日（清光绪八年二月十八日），在湖南省桃源县上坊村湘冲（今八字路乡渔父村）一个世代书香但已开始没落的地主家庭里，宋教仁出生了。

宋教仁的故乡桃源县，位于常德县以西80里的沅江北岸。那里山明水秀、溪流曲折、风景秀丽，因东晋著名田园诗人陶渊明所著《桃花源记》而得名。宋教仁后来为上海《民立报》撰稿，即以"桃园渔父"自称。

据《宋氏族谱》记载，宋家先辈原居住在江西，明朝嘉靖初年，宋万旸带着两个儿子宋沔、宋琐来到湖南桃源，定居下来，世代繁衍，历经300余年，到宋教仁已是第15代。宋家迁到桃源后，在当地务农经商，逐渐稳定下来，又经过几代人的勤勉经营，家境比较殷实富足。务农经商之余，宋家人还喜好读书治学，宋教仁的七世伯祖宋起龙曾著有《腹笥草》诗集，祖父宋业宏"好读书，文笔从容华贵，气体醇厚"，父亲宋宗泮甚至因读书过度用功而致病。出生于这样一个重读书的家庭，宋教仁自然是耳濡目染，自幼便养成了喜好读书的习惯。

1886年，4岁的宋教仁进入宋氏家塾读书，开始接受传统的儒家思想教育。但他对所谓"文质彬彬"一类的传统说教缺乏热情，相反却喜爱时事、地理，尤其对历史和军事深感兴趣。念私塾期间，他就接触过《扬州十日记》《嘉定屠城记》这类反满作品。他的七世伯祖宋起龙所著《腹笥草》诗集，内含反清复明思想，对他的思想发展也起着一定的熏陶作用。

宋教仁少年时期就对《腹笥草》诗集十分欣赏，成年后在自己的日记中曾4次提及。在流亡日本期间，还让堂兄宋文卿将《腹笥草》诗集寄到日本，准备筹款印刻，刊行于世。他收到寄来的《腹笥草》诗集后，经常手不释卷，读之良久。《腹笥草》诗集写于清初，诗的主旨，大多是以景抒情、托物言志，诗的内容，有的是借历史人物事件揭露清初文字狱的罪行，有的是对少数民族起义抗清的热情赞颂，有的则隐晦曲折地流露出怀念故国明朝的思想感情，有的是对自己家族不幸遭遇的感叹，也有的是通过描写桃源的名胜风光抒发对世外桃源的理想追求。由此可见，宋教仁家族里潜在有一种强烈的传统民族意识，而宋教仁自幼便受到这种传统民族意识的熏陶，它对宋教仁早期反满反清思想的萌发，有着极为重要的影响。宋教仁参加革命后，较之包括孙中山在内的革命党人更具有强烈的民族主义情感，其思想渊源也在于此。

宋教仁自小对军事就产生了浓厚的兴趣。他平日只知道埋头读书，有时空闲下来，便带领着许多孩子玩战争游戏。他把孩子们分为两队，拣一些较弱的孩子，当作清朝贵族，而他自己却带领强壮的孩子，当作平民百姓。如果"清朝贵族"被"平民百姓"打败了，他就很得意地大笑起来。宋教仁后来在《我之历史》中回忆说，他幼时"尝嬉戏簿诸邻儿名氏，呼集山阿，树巾为旗帜，自登磐石上指挥部勒之"。由此可以看出，幼时的宋教仁就显示出反叛、自强、聪明、活泼的性格。也正是由于他儿时就表现出的对传统的反叛，为他在新旧思潮猛烈碰撞的时代转轨中，能够学习并接受西方先进的思潮，打下了一定的基础。

沅湘之水还培育了宋教仁丰富的情感。他尤其喜好诗词，经常在家中模仿前人作诗为文。一个夜晚，他看到月光晶莹皎洁，仿佛要透过窗纸，随即赋诗一首，留下了"月来窗纸薄，露下客衣单"的佳句。

宋教仁不仅诗词文章写得好，而且口才颇佳，能说会道，再加上相貌堂堂，性格开朗，善交朋友，办事认真灵活，所以在乡里小有名气。他的少年时代，几乎是在一片赞誉声中度过的。

不幸的是，自宋教仁出生之时，家道便已渐趋衰落。1892年父亲宋宗泮病逝，留给全家的只是几间破旧的房屋和一些薄田，从此家中失去了支柱。由于家道艰辛，10岁的宋教仁不得不中断学业，从事耕种农活，与大哥宋教信共同承担养活家人的重任。他俩早出晚归，除草捉虫，锄地松土，栽种秧苗，整日忙碌，生活十分艰苦。

但是，困厄的家庭环境并没有磨灭宋教仁嗜好读书的习惯。每天在劳动之余，他都喜欢读书写字，又肯动脑筋，有了问题，就深入思考，穷原究委。因此，他读过的书，大多都能够观其大全，得其精要，从而养成了良好的判断能力。

19世纪末，湖南近代实业有了极大发展，长期停滞落后的社会生产力终于开始发生质的变化，从而促进了湖南新政的发展。在维新变法的高潮中，两湖地区的众多青年才俊虽无科第官阶，却能够以爱国相砥砺，以救亡为己任。当时，除谭嗣同、唐才常等一些维新志士极力推行新法之外，一些报馆、学会相继在湖南各地成立。这些报馆、学会摒弃鄙陋之习，招揽天下英才，以宣传西方富强之术为宗旨，大大开启了湖南民智与民风。身处这样爱国救亡思想极为活跃的地区，耳濡目染，对宋教仁的成长及人生发展都产生了深远影响。

1894年，宋教仁12岁，时值中日甲午战争，腐朽的大清国又遭惨败。宋教仁听到这一消息，想到"以堂堂中华，乃为蕞尔岛夷所欺凌"，不禁痛哭流涕，并赋诗数首，抒发自己的悲愤之情，其中一句为："要当慷慨煮黄海，手挽倭头入汉关。"塾师方先生读了宋教仁的诗，不禁击节称赞，并批注："忠义之气，势吞胡羯。"

1898年，宋教仁16岁时，在母亲的安排下，与当地一位长他4岁的方姓小姐结婚。这桩婚事，系两人自幼时由双方父母所订。宋教仁这时已成长为一个"修六尺余，目炯炯有光"的英俊少年，而且文才学问也驰名乡里。方氏虽也是一位性情温和的大家闺秀，但姿色并不出众，特别是鼻子微塌。她的父亲怕宋教仁家瞧不起自己的女儿，便主动让媒人到宋家退婚。宋教仁对媒人说："我家择配，取德不取色。方家女子，品性尽人皆知，何谈退婚之有？"于是，两人就在当年完了婚，从而在邻里间留下一段佳话。两位年轻人的婚后生活非常和睦，第二年便育有一子，取名宋振吕。

值得一提的是，宋教仁在婚宴上再一次显露出自己思想上的与众不同。当时方家为迎接新女婿过门，张灯结彩，宾客盈门，还特地请了乡绅作陪。酒席间，一些乡绅大谈"皇恩浩荡"、"国泰民安"，宋教仁感到很不是滋味，便当场发表意见说："当今灾荒连年，民不聊生，国有豺狼，野有饿殍，百姓处于水深火热之中，列强横行于国土之内，国已如此，何谈皇恩之有！"一番话还未讲完，那些乡绅早已经个个吓得瞠目结舌，嘴里嘟哝着："这位新官人是个狂生，不敢作陪，不敢作陪！"于是纷纷离席而去。

宋教仁少年时代的成长经历，与他周围自然环境的影响和社会环境的熏陶息息相关。他生于楚地，长于楚地，风景优美的自然环境和特色鲜明的湘楚文化深深影响着少年时代的宋教仁。他曾说："夫湖南省，山川交错，形式便利，长江上游堂奥之地域也。湖南之民族，坚强忍耐，富于敢死排外性质之民族也。"钟灵毓秀的流风余韵,湘楚先民艰苦卓绝的斗争锐志和冲天豪气,以及对国家自强和民族自立的执着追求,无不在宋教仁身上发挥着潜移默化的作用,使少年时代的宋教仁初步萌发了救国救民的理想和信念。

二、漳江书院"狂生"

1899年3月,17岁的宋教仁进入桃源县漳江书院学习。创立于明末的漳江书院,当时是桃源县最高学府,湖南四大书院之一。

书院是科举制度下培养知识分子的摇篮。书院名称始于唐朝,原为藏书、校书、个人治学之地。宋代以后,逐渐发展成为由私人或官府设立的讲学场所。到了明清之际,书院大多被官学化,成为科举应试人才的培养之地。宋教仁就读的漳江书院,就是其中的一所,学生大多来自桃源县。

宋教仁入漳江书院时,适值戊戌变法后一年。慈禧太后及顽固派几乎推翻了所有的新政措施,下令恢复八股取士。因此,在宋教仁读书的第一、二年,书院的课程大都是四书五经。到了第三年,乡会试的头两场才改为策论,但第三场仍考四书五经。为考取功名利禄,漳江书院中与宋教仁同时代的青年人大都苦读四书五经与一些时务新学,努力习作策论。然而,习策论的学子仍要以四书五经为根底,策论与制义,殊流同源,仍是些通经史以达时务的科举知识,都是些脱离实际的空谈言论,在培养人才方面并无多大益处。当时,就有人作打油诗讽刺这些无用的知识:"案头放高头讲章,店里买新学利器,读得来肩高背低,讲得来维新玩意,骗个官来做一做,给百姓找来晦气。"

19世纪末20世纪初,是一个新旧交替的时代。古代儒家的四书五经虽然仍然是学生的必读书籍,但此时从西方引进的数学、地理等新式学科也逐渐在各地书院推广开来，从而深刻影响和改变着学生们的知识结构，并造就了一批近代新式人才。

宋教仁在漳江书院主要师从黄彝寿。黄彝寿是漳江书院山长（即校长）兼县教谕（即县学教官），湖南长沙人，精于宋明理学，个性严谨，待人律己都很严格，而且坚持民族大义，富于反清革命思想。虽口不多言，但民族思想常流露于字里行间，如他在窗前贴有一副对联："莫使真心堕尘雾，要将热血洗乾坤。"县学大堂上也悬挂着一副对联，表达了黄山长的志向和对学生的期望：

堂堂华夏愤膻腥，要大家励精致气，以湔国耻；
纳纳乾坤运枢纽，看此日从新化故，懋育群生。

在黄彝寿这种春风化雨般的熏陶下，宋教仁开始关心国家前途和民族命运，革命思想慢慢滋长起来了。他天资聪颖，读书快，接受和领悟能力强。一次，黄彝寿从长沙运一船书到桃源，途中触礁船破，书被水浸湿，于是请几位学生替他晒检，宋教仁也在其中。他边晒边看，两不耽误，工作结束后，就把看书过程中的疑问提出来向黄彝寿请教。黄彝寿从这件事里，看出宋教仁的好学和抱负与众不同，从此非常器重他。随着交谈的次数增多，师生之间的感情日益加深，不久，宋教仁就成为了黄彝寿登堂入室的得意门生了。

在漳江书院，宋教仁除了继续研习儒家的四书五经之外，还接触了数学、地理等新科目。他对八股取士的科举制度没有被废除，学生大多专注于八股文的研习，甚为鄙视。他平日读经书史籍，只讲求经世致用之学，特别喜欢阅读顾炎武、黄宗羲、王夫之等人的著作，以及《资治通鉴》《读史方舆纪要》等史地典籍，从而对"夷夏之辨"、历代治乱得失及地理沿革有了比较深入的了解。他还作联语以明其志：

办天下事，自欧亚始；
读古人书，在秦汉前。

在读书期间，宋教仁非常喜欢讨论问题，经常与同学在一起纵论国家大事。他观察敏锐，言语更是滔滔不绝，同学们都称其为"狂生"，甚至有的同学不敢与他接近。宋教仁完全不在乎这些，依然我行我素。在书院里，他和覃振、文骏、凤高骞、孙安仁等几个志同道合的朋友常常聚在一起，遨游饮酒，高谈阔论，总结中西政治得失和古今用兵胜败。

一个初秋的傍晚，宋教仁与覃振等几位同学登上桃源县城头。极目远眺，夕阳残照，美丽中蕴含着萧索，雄伟中孕育着悲凉。回首城中高楼飞阁，沐浴在夕阳余晖之下，显得格外肃穆沉重。宋教仁触景生情，叹息道：人生又何尝不是这样！最光辉灿烂的时节，也往往就是陨落没灭的一刹那。随即，他赋诗一首，以此来表达对人生前途的未知探索和对国家命运的深切忧虑：

晚烟绿隐临江树，早稻黄催负郭田。
楼阁参差余落日，关河萧索咽残蝉。

是时，国难益殷，世变日亟，在灾难深重的民族危机面前，清朝统治者大肆出卖国家主权，镇压人民的反抗，维护早已摇摇欲坠的反动统治。甲午战争中，被视为政权支柱的淮军和北洋海军，顷刻间"樯橹灰飞烟灭"。清政府失掉了维护其统治的主要武装力量，形成一时无法弥补的力量真空。1900年八国联军入侵中国，强迫清政府签订了《辛丑条约》，中国完全沦为半殖民地半封建社会。更重要的是，庚子之役后，清政府完全投靠了帝国主义，成为他们间接统治中国的驯服工具。

于是，救亡图存的呼声在神州大地日益成为时代的主旋律。以康有为、梁启超为首发动的戊戌变法运动，虽遭到顽固派的极力摧残，却在思想界开启了学习西方制度的先河，尤其在青年知识分子中引起强烈反响。随着改良主义道路的堵塞，原先集结于维新派旗帜下的年轻一代知识分子，逐渐摆脱改良主义的束缚，寻找新的出路。

当时，湖南浏阳人谭嗣同参与维新变法，被捕杀害。两年之后，谭的好友唐才常成立"自立军"，计划在汉口起义，又因事泄被害。这两位湖南志士为理想而奋斗的精神，给三湘人士以深刻的刺激。谭嗣同为变法而捐躯，留下"我自横刀向天笑，去留肝胆两昆仑"的千古绝唱。唐才常继承逝友遗志，前仆后继，同样深深震撼着青年知识分子的心灵。宋教仁后来说："庚子唐才常一役，根据地在汉口，原动力则在湖南。"此时，全国各地革命之声更是不绝于耳，江西、湖南、山东、直隶到处"乱机蜂起"，"革命论盛行于国中"，"其旗帜鲜明，其壁垒益森严，其势力益磅礴而郁积，下至贩夫走卒，莫不口谈革命，而身行破坏"，革命党人更是"无不日思以推倒政府为事"。

在这一革命纷起、思潮涌动的时代环境中，宋教仁等接受了新思潮的青年知识分子，经常登上漳江书院的漳江阁，指点江山，纵论古今和天下大事。

一个夏季的夜晚，宋教仁和几位同学登上漳江书院院东的漳江阁乘凉，借酒抒怀，畅谈人生理想。其他几位同学大多都想通过乡试、会试，中个进士，谋取一官半职，再为民造福。当孙安仁问宋教仁今后的打算时，他回答说：我的想法跟各位不一样，我认为满清政府昏聩无能极了。自从道光年间鸦片战争失败，与英国签订丧权辱国的《南京条约》后，外人就看

漳江阁

透了清人，不断侵略我国。咸丰年间有英法联军，光绪年间又发生了乙酉的中法战争，甲午的中日战争；接着又因义和团杀洋人、烧教堂，引发庚子年间八国联军攻进了北京。清廷不断吃败仗，就不断订立不平等条约。不是割地就是赔款；不是划定租借，就是奉送领事裁判权；不是指定通商口岸，协定关税；就是允许外国人在我们的内河自由航行，外国的军队驻防在北京附近。这哪里是一个独立国家！可是那些满清的皇室和权贵，还是压迫我们汉族，随便杀害人民，一事不办，每天只是在皇宫中享乐听戏。

宋教仁说到这儿，凤高耆不胜感慨地抨击慈禧太后只知在宫中享乐，挪用海军的经费修建颐和园。宋教仁接着又说：列强已经在我国划分势力范围，东北、蒙古、新疆归俄国，山东半岛归德国，康、藏与长江流域归英国，福建归日本，法国要求中越边境的云南、广西不得割让他人。这些帝国主义国家，没有一个是好东西，都想瓜分我们的国家！要是我们还不觉醒过来，终要沦为亡国奴了！要想挽救国家，除非革命，别无他途！只有推翻这个专制腐败的满清政府，建立共和政体的中国。这样，才能巩固我们的国家，增进同胞的幸福！我们必须牺牲个人，以造福社会；牺牲现在，以造就未来！

覃振问道：革命由谁来领导？宋教仁认为，像洪秀全、孙中山这样的人，都是领导革命的英雄。他说："中国苦满政久矣，有英雄起，雄踞武昌，东扼九江，下江南，北出武胜关，断黄河铁桥，西通蜀，南则取粮于湘，系鄂督之头于肘后，然后可以得志于天下。"言语之间，豪迈万分，难怪同学们多以"狂生"视之。其实，革命思想已在年少的宋教仁心中萌芽。

诚然，宋教仁此时的革命思想，还处在一个从不成熟到成熟的发展过程之中，甚至有些幼稚。但值得肯定的是，面对国难日深的危局，当大多数学子埋头于四书五经、追逐功名之时，他能够基于对国家前途的深切忧虑而萌发救国救民的革命思想，实属难能可贵。而且，从其言论中可以看出，他所萌发的革命思想，是建立在对中国危亡局势和近代中国国情较为深刻认识的基础之上的，也就是说，革命，在他心中并不是"反满"的代名词，并不仅仅是为了推翻异族统治的狭隘目的，也不是"反清复明"陈旧口号的继续，而是和"救亡图存"、反对帝国主义侵略紧密联系在一起的，具备了救亡图存的时代意义。正如胡汉民所说，"反满是为独立计，为救亡计也"。

1901年，宋教仁奉母亲之命到常德参加府试。当时正是帝国主义在中国掀起瓜分狂潮、八国联军闯入北京强迫清政府签订《辛丑条约》的动乱之局。宋教仁非常关心国家大事，在试卷中语多激愤，有"不惜杀一人，以谢四万万同胞；不惜杀一人，以安万世之天下"之句，矛头直指签订卖国条约的李鸿章及幕后指使人那拉氏。常德知府朱其懿曾因赞助新法被革职，复职后仍推行新学，奖励后进。在这次府试中，朱其懿对宋教仁的文笔非常欣赏，拟将其录为第一名，但因有人从中作梗，便改置为第八名，补博士弟子员。宋教仁虽然文章被抑，但声名大噪，到他下榻的五省客栈向他索取文稿之人，络绎不绝。

宋母对宋教仁初涉科举所取得的成绩倍感欣慰，勉励他树立更远大的志向，"求其大者"，"以天下为忧乐"。对于清王朝已经不抱任何幻想的宋教仁，当然也不想再沿着封建科举的老路走下去。恰在这时，湖北武昌开办了文、武普通中学堂，文、武高等学堂，两湖大学堂等许多新学堂。宋教仁乃于1902年秋到武昌投考湖广总督张之洞所创办的文普通中学堂。

途径长沙时，宋教仁曾上书湖南巡抚赵尔巽，要求将岳麓、城南、求忠三所有名的书院改为学堂。他力言书院乃为封建专制制度的基础，要振兴国家，必须学习西方，设立学堂，方能集中全国优秀的人才，国家的兴旺才有可能实现。洋洋数千言，条理清晰，皆中利弊，明确表达了一个受新思潮影响的青年知识分子的心声。这个建议后来被赵尔巽采纳，从而为湖南新式学堂的设立打下了基础。

主持文普通中学堂入学考试的是武昌知府梁鼎芬，他对湖北新学的创建有一定贡献，属于较为开明的封建官僚。考试的题目是"汉武帝论"。宋教仁下笔数千言，"推崇汉武帝经营西域，扩张国土，奠定大汉族之基础"，认为其功绩远在汉高祖之上。梁鼎芬对此大为赏识，将其录取为第一名。

第二年春天，宋教仁正式进入武昌文普通中学堂，开始了新的求学生涯。

三、新式学堂启蒙

革命风潮的涌动，猛烈冲击着近代中国的教育体制。20世纪初，大批有为青年留学日本，学习先进的文化和科技知识。他们回国后，极力呼吁清政府尽快采用近代教育模式，废除科举制度，改书院为学堂，致力新式人才的培养，以挽救中国濒于覆亡的命运。在废科举、兴学堂的强烈呼声影响，统治阶级中的一些开明之士也要求废除科举制度，广开新式学堂。在此背景下，宋教仁求学的湖南漳江书院也于1903年停办，在时代嬗变中完成了历史使命。

相比之下，湖北武昌的新式教育较为发达，这主要得益于主张新政的湖广总督张之洞。他自清政府宣布"新政"后，留心学务最早，办学也最认真，

1899年上任之初，就创建了两湖书院，开办了新式学校，后又增添了自强、武备、将弁、农务、工艺等各式学堂。清政府下诏命各省书院统一改为学堂后，张之洞又悉心将所有的旧式书院改并成为新式学堂。于是，两湖境内，小学之上，在武昌分设有文、武普通中学堂各一所，其上又有文、武高等学堂及两湖大学堂。开办伊始，张之洞特别重视小学和普通中学堂的教育，认为小学是教人们做人的道理，普通中学堂则是接受更高水平教育的场所，普通中学堂如果创办不成功，或是教育体制不当，则大学堂及以后的教育只能是事倍功半。

1903年春入学的宋教仁，是武昌文普通中学堂的首届学生。当时，武昌文普通中学堂学生名额为240名，由于当时湖南也系湖广总督所辖省份，故特许招收湖南籍学生30名。大凡像宋教仁那样能考进去的，多是天资不错的学生，而且国文通畅，领悟甚捷，颇得张之洞赞赏。

在武昌文普通中学堂的岁月，是宋教仁早期革命思想进一步发展的时期。刚刚年过20岁的宋教仁，经历了漳江书院的锻炼，在开始步入新思潮汇聚之地的时候，少了一份狂放和桀骜，多了一份冷静和理性，使他能够容易学习和接受来自西方的一些先进思想。当然，由于学堂所设课程多为科学技术和文化知识，还不可能与后来在日本学习到的西方先进思想相提并论，但毕竟是宋教仁革命思想逐步走向成熟的一个起点。在这一点上，宋教仁具有和多数近代中国知识分子相同的经历，他们都是在新式学堂的影响下，接受了西方文明的思想观念和行为准则，从而逐步走上了争取自由、平等的革命道路。

田桐和吴崑是宋教仁刚入校时结识的朋友。田桐，字梓琴，号恨海，湖北蕲春县人，幼时即熟读诸子、唐宋文章，不但博闻强记，而且革命态度非常坚决；吴崑，字寿田，号吼生，湖北黄冈人，也是个革命者。经过短暂的接触，他们便成为志同道合的挚交。不久，吴崑又向宋教仁介绍了在天主教堂圣公会工作的刘静庵。刘静庵,原名贞一,一名大雄,字敬庵,湖北潜江人,学问广博,对儒家诸子、释道之说及新学时务,无不通晓,并且热衷于推翻清廷的斗争。他们经常秘密集会,分析时局,研究政情,筹划革命,并把武昌花园耶稣教堂作为秘密聚会的地方。

与在漳江书院求学时期有所不同的是,漳江书院时的宋教仁,宣传反清革命思想,基本上还是停留在口头上,而且由于书院的学术气氛较为压抑和沉闷,学术交流几乎很少,外面的新思维和新鲜空气很少进来,宋教仁与几位好友纵论政治得失,大多只是从一些感性认识出发。而进入武昌文普通中学堂后,由于地处开风气之先的省城,并接触到大批革命志士和他们的先进思想,使宋教仁增长了见识,开阔了眼界,逐步以一名真正的革命者身份加入了救亡运动的行列。

1903年爆发的大规模拒俄运动,对于宋教仁革命思想的发展,也有着至关重要的影响。

事情要由3年前的八国联军侵华战争讲起。1900年,英、俄、德、法、日、意、美、奥八国组织联军,入侵北京,迫使腐败的清政府签订了《辛丑条约》。列强在攫取到大量权益后才陆续撤兵,但入侵东三省的俄国军队却另有图谋,不肯撤军。1902年4月,庆亲王奕劻、大学士王文韶与俄国谈判专使雷萨尔另外签订了《交收东三省条约》,规定:俄军在18个月内,分3期撤兵。第1期,俄人仅仅撤走了锦州、辽河西部的一些军队。1903年3月,第2期撤兵的期限已到,俄国不但一兵未撤,反对清廷再次提出七项无理要求。4月28日,东京《朝日新闻》披露了密约内容,并说:"从来俄国对满洲政策,欲取而未取,致有生杀之嫌,故各国生出种种之障碍。今宁断然取之,归入俄国之版图。"这一消息传出后,立即引起海内外华人的极大愤慨。留日学生钮永建时在东京,欲发起组织拒俄义勇队。他先后告留学生会馆干事章宗祥、曹汝霖等,请他们以会馆名义召集全体学生组织学生军，以抗拒俄国人的侵略。章宗祥、曹汝霖二人认为单凭这些文弱学生，既没有大略，更没有武备，根本不可能成功，而且容易引起政府的猜忌，就拒绝了他的请求。无奈，钮永建又造访了秦毓鎏，向他陈述了自己的主张，来自陕西的留日学生叶澜均极力赞成，并且甘当共同发起人。随后，他们各处散发传单，召开大会，组织抗俄义勇队，号召留日学生积极加入，并推举陆军士官学校学生蓝天蔚为队长。他们先派钮永建、汤尔和回国，请求袁世凯出兵抗俄，学生愿当先锋，同时又通电国内学界。然而，清廷对俄国的侵略不敢过问，却将学生的爱国行动视为"名为抗俄，实则革命"，要求日本政府严加禁止。《苏报》曾刊载清政府密谕："地方督抚于各学生回国者，遇有行动诡秘，访闻有革命本心者，即可随时获到，就地正法。"袁世凯还派人缉拿回国学生。留日学生报国无路，又遭到日本政府的严禁，被迫于1903年5月11日将义勇军改为"军国民教育会"，秦毓鎏起草了意见书，严正声明："东三省一亡，各国必将随俄国之后瓜分我国，使吾族为万劫不复之奴隶，与其坐以待毙，不如奋斗而死，这就是我们组织军国民教育会的缘起。"

在国内，教育界人士对于俄国不肯撤兵一事，更是极为悲愤。上海文化界的吴敬恒（稚晖）、邹容（蔚丹）等在张园集会，联合向清廷抗争，还致电各国外交部，表达中国之民意。武昌的学生也积极策划拒俄，由湖北文高等学堂学生代表上书湖广总督张之洞："请正告政府，将俄人背约之罪，布告万国，联合英、日，以作后援。学生等愿披甲执戈，一雪我四万万同胞之大耻。即饮俄人之刃，食俄人之弹，亦不恤也！"清政府对此不予支持，仍是严加阻拦。

清政府的倒行逆施，再次深刻地教育了中国的先进知识分子，使他们彻底抛弃了改良主义，丢掉了多年来对清政府所抱的幻想。人们认识到，改良主义在中国是行不通的，必须走推翻清王朝的流血革命道路，才是民族的出路。邹容的《革命军》正是这一思想的代表作。1903年7月,《江苏》杂志撰文道:"夫有拒俄之诚而即蒙革命之名,吾知自今以往世人之欲效忠于满洲者惧矣。然使倡言革命而徐图拒俄之计,吾转不知彼满洲者于我将奈之何?"最后得出结论:"呜呼,革命其可免乎?"

不可逆转的革命潮流,同样冲击着武昌。在参与拒俄运动过程中,宋教仁与吴崑、田桐等人对革命的热情更为积极高涨了。恰在此时,宋教仁结识了黄兴,成为他走上革命道路的一个重要里程碑。

1903年5月,黄兴自日本回国,被"军国民教育会"推选回湖南发动革命。8月,路过武昌时,当地教育界人士请他在两湖书院发表演讲。得知这一消息后,宋教仁、田桐、吴崑、刘静庵等立即前往,途中刘静庵还向宋教仁介绍了黄兴的革命经历,使他产生了结交黄兴的强烈渴望。

黄兴在两湖书院的演讲中,列举大量事实猛烈抨击了清政府的腐败无能,力主改革国体、政体,以挽救国家的命运。黄兴的演讲深深吸引了比他小8岁的湖南同乡宋教仁。演讲结束后,经刘静庵等人的介绍,黄兴会见了宋教仁,还将东京留日学生反对俄国侵占东三省的情形一一说给宋教仁听,鼓励宋教仁向这些革命青年们学习。这次谈话非常投机,两人在推翻清政府、实行民主政体等问题上有着相同的志向,并因此而结交。这是宋教仁和黄兴携手合作的开始。

黄兴在两湖书院演讲革命,很快就被湖广总督张之洞知晓,他急忙命令武昌知府兼两湖书院院长梁鼎芬查办此事。对于湖北新学有着相当贡献的梁鼎芬,对其得意学生的所作所为也不敢过多给予庇护,只得张贴告示,将黄兴驱逐出境。黄兴临行前,把从日本带来的4000多册邹容的《革命军》和陈天华的《猛回头》全部分送给军学两界人士,然后乘船前往长沙。宋教仁得到这两本书后,回到学堂如饥似渴地研读起来。

邹容的《革命军》大声疾呼:"我中国今日不可不革命;我中国今日

欲脱满洲人之羁缚，不可不革命；我中国欲与世界列强并雄，不可不革命；我中国欲长存于二十世纪新世界上，不可不革命；我中国欲为地球上名国，地球上主人公，不可不革命。革命可以使我们由野蛮进入文明，除奴隶而为主人。"炽热的革命情感，使人耳目一新。宋教仁读后，觉得"笔极犀利，文极沉痛"，心绪久久不能平静下来。

陈天华的《猛回头》指明了中国在帝国主义侵略下的危亡局势，旨在唤起人们从睡梦中猛醒，为改变这种危局而斗争。书中写道：列强"把我们十八省都划在那各国的势力范围内，丝毫也不准我们自由。中国的官府好像他的奴隶一般，中国的百姓好像他的牛马一样"。"我中国虽未曾瓜分，也就比瓜分差不多了。"列强之所以没有瓜分中国，是"因为国数多了，一时难得均分，并且中国地方宽的很，各国势力也有不及的地方，不如留住这满洲政府代他管领，他再管领政府，岂不比瓜分便宜得多吗"？陈天华在书中还悲愤地指出："列位，你道现在的朝廷仍是满洲的吗？多久是洋人的了！"宋教仁读完之后，内心激动不已，认为这本书是"一字一泪，一语一血"，从而更加坚定了他立志参加革命的决心。

两千多年前，楚人屈原赋辞明志：路漫漫其修远兮，吾将上下而求索。两千多年后，沅湘学子宋教仁也踏上了探寻救国真理的漫漫征程。

第二章
奔走湘鄂大地

参与创建华兴会

运动湖北新军

谋划长沙起义

一、参与创建华兴会

中国的历史在屈辱中迈入了20世纪，越来越多的先进中国人对帝国主义侵略的本性及中外反动势力相互勾结的关系，开始有了新的认识。首先觉醒的是新式知识分子群体。甲午战争以后，特别是1901年《辛丑条约》签订后，一方面由于民族危机日益加深带来的强烈刺激，另一方面出于民族资本主义在初步发展中出现的新的社会需要，在清政府推行"兴学堂、派留学"的"新政"过程中，中国形成了一个引人注目的新式知识分子群体。

这些知识分子，不同于官府控制之下的旧式士大夫群体，他们大多集中在上海和东京两地，敏锐感受到国家的落后和民族的危机，救国心情急迫，产生出一种强烈的社会责任感与历史使命感。他们在不同程度上接受过西方教育，了解世界大势和中国所处的地位，对西方的社会政治学说有着一定的了解，致力追求解决中国问题的全新社会方案。因而，在国破家亡的危急关头，这些人成为站在斗争前列的最先觉悟者。他们从西方资产阶级革命时期的思想武库里，借取了天赋人权、自由平等的学说，作为从事革命斗争的思想武器，满怀激情地创办革命刊物，向人们宣传民族民主革命的思想和主张，大造革命舆论。所有这些，预示了中国资产阶级和小资产阶级领导的民主革命运动即将到来。

伴随着民主革命思潮的萌动与传播，资产阶级革命派在组织上也开始进一步积聚自己的力量。继1894年孙中山在美国檀香山创建兴中会之后，国内出现了许多小的革命团体，其中主要有蔡元培、陶成章等领导的光复会，柏文蔚、陈独秀等领导的岳王会，刘静庵、曹亚伯等领导的日知会以及黄兴在宋教仁等人帮助下于1903年创立的华兴会等。

华兴会的创立，可溯源至1902年夏秋间由黄兴、杨笃生、杨度等人发起在日本东京成立的"湖南游学同乡会"。这些湖南籍学生开会聚谈的地点，大多在东京饭田町杨度寓所，故此，时人称杨度的寓所为"湖南会馆"或"留日学生俱乐部"。这种以爱乡为标榜的结社活动，虽还不能视之为革命团体，但随着形势的发展，同乡会活动的范围日益扩大，政治色彩也逐渐浓厚起来。是年11月，黄兴与杨毓麟、梁焕彝、樊锥等在日本发刊《游学译编》杂志。它是"中国各省留日学生团体之首创刊物"，"专以输入文明，增益民智为本"，以译述为主，兼刊论著。"所译以学术、教育、军事、理财、时事、历史、地理、外论为主。"1902年底，湖南编译社成立，《游学译编》从第二期起，归湖南编译社出版发行。《游学译编》注重从各方面探讨国家的出路，研究分析中国之所以落后和遭受侵略的原因，鼓吹反清的民族主义思想。正如其发刊词所述："居今日而言救国，其必一国之国民，人人自励，人人自竞，先使一身之学术，无一年无一月无一日无一时而不有其进步！"它还提出"湖南自治论"作为革命目标。《游学译编》的创办，最早团结了一批进步的湘籍留日学生，其中有些人后来成为华兴会的发起人和重要骨干。当时黄兴在日本就读的弘文学院，是一所专门为中国留学生设立的"代兴教育"性质的学校，虽然开办只有一年，但湘籍学生为数众多。于是黄兴又在校内选择一些坚贞可靠的湘籍同学秘密组织了土曜会(土曜是指星期六)，主张"从事用兵，以破坏现状为出路"。他们每周六召开秘密会议，"每会黄(兴)必来领导，以军国民的路线相号召"，鼓励同学以"身力"救国，"挺身杀敌"。可以说，土曜会是华兴会最初的雏形。因此，国民党元老冯自由在他的著作中，有时也把华兴会最初成立的地点说成是日本东京，也不是完全误记。

华兴会的成立，还与"苏报案"有很大联系。1903年6月，清政府勾结上海租界帝国主义所设的工部局，派巡捕到刊登介绍《革命军》一书的

《苏报》馆抓人,章炳麟和邹容先后入狱,发生了震动一时的"苏报案"。清政府要求工部局将章、邹等引渡,解送南京审讯,借兴大狱镇压革命运动。帝国主义担心这样会影响他们在租界的特权,拒绝引渡。最后由租界会审公廨判决章炳麟监禁3年,邹容监禁2年。后来,邹容因不堪虐待死于狱中,为革命献出了自己年轻的生命。"苏报案"引起了国人的极大愤慨。更为重要的是,随着1903年拒俄运动的发生,革命力量已显集结之势。"苏报案"发生在上海,对打开内地革命风气的功效远非日本东京所能比拟。清政府原想借此案扼杀方兴未艾的革命风潮,结果适得其反,上海革命思潮愈发风动潮涌。长江沿岸各省的革命党人及已解散的爱国学社学生,多以散发革命宣传小册子及日本出版的各种报纸"为苏报之代"。1903年6月15日,张继、章士钊、陈去病、卢和生等于上海创刊《国民日日报》。张继、章士钊等人主张内容与《苏报》同,而篇幅及取材则较《苏报》更为新颖,发刊未久,风行一时,有"苏报第二"之称。

　　拒俄运动的爆发,对资产阶级民主革命高潮的形成和华兴会的成立,都产生了重要影响。在这场反帝爱国运动中,中国留日学生先是组织了"拒俄义勇队",后改名学生军,随后又转变为"军国民教育会"。湘籍留日学生大部分参加了当时的拒俄运动。军国民教育会成立不久,即着手进行实际的革命工作,举派得力会员回国,分别到各省活动,华兴会亦随之进入了实际创建的阶段。

　　1903年5月末,黄兴准备离日回国前,与刘揆一相约3月后相会于长沙,欲借助刘和会党首领马福益的关系,联络湖南哥老会,壮大革命组织。6月初,黄兴抵达上海,适值"苏报案"发生,便联络往时两湘书院的老同学、《苏报》主笔章士钊,一同到江苏泰兴、南京和上海等地联络同志,为计划中的革命团体筹措经费。抵达湖北时,黄兴与宋教仁相结识,对宋的才干颇为欣赏,认为宋年轻,口才好,组织能力强,与自己政治目标一致,且武昌地理位置特殊,易于发动革命,急需一位得力人物主持。于是,便与宋教仁相约返湘活动。7月,黄兴回到长沙,任教于我国近代第一所私立学堂——明德学堂,"此后湘鄂革命党人物多出自明德",明德学堂骤然成为湖南革命的大本营,为华兴会的成立作了组织上的准备。

1903年秋天,宋教仁同吴禄贞一起应黄兴之邀来到长沙。在黄兴的介绍下,他结识了一大批志同道合的革命青年,包括刘揆一、王正廷、苏曼殊、陈天华、赵声等。是年11月4日,黄兴以庆祝自己30岁生日为名,邀请宋教仁、刘揆一、章士钊、彭渊洵、胡瑛、翁巩、柳骋农、周震鳞等20多名具有革命思想的知识分子,在长沙西区保甲局彭渊洵家举行秘密会议。会上决定成立反清革命团体华兴会,一致推选黄兴为会长。当时湖南正在大兴矿业,为了避免清政府注意,又便于开展活动,对外则采用"华兴公司"名义。会上还提出两句寓含"同心扑灭满清"之意的口号——"同心扑满,当面算清。"这次秘密集会,实是正式成立华兴会前的一次筹备会。

1904年2月15日,华兴会在明德学堂校董龙璋的西园寓所召开正式成立大会。到会者100余人,公举黄兴为会长,宋教仁、刘揆一、秦毓鎏为副会长,会员达数百人,多属知识分子。华兴会没有留下成文的纲领和章程,但宗旨明确就是"驱除鞑虏,复兴中华",方略则为湖南发难,各省响应,直捣京师。

华兴会虽然主张"驱除鞑虏",但与过去传统的"反满"有所不同,它已不是狭隘的种族革命,而是以改革国体政体、推翻清朝政府、建立资产阶级共和国为奋斗目标的国民革命,这与孙中山领导的兴中会的革命宗旨是完全一致的。华兴会采用的革命方法也与兴中会相同,在一开始就提出联合会党进行武装起义,形成"雄踞一省与各省纷起"的革命局面。黄兴等人认为,"今就湘省而论,军学界革命思想日见发达,市民亦潜移默化",同仇敌忾、一致反满的形势只待"引火线而后燃",如果能将会党与军界、

华兴会部分成员 1905 年时的合影（前排左一黄兴，左三胡瑛，左四宋教仁，后排左一章士钊，左四刘揆一）

学界融合一体，审时度势，一方发难，互为声援，不难在湖南取得首义胜利。黄兴等人提出的这种策略，被革命党人称为"地方革命"。它比较符合中国当时的形势，以后革命党人的多次起义和辛亥革命的爆发，实际上大都采取这种策略。只是由于多种原因，革命党人始终没有能够乘胜直捣京师。

宋教仁参与创建和领导的华兴会，是中国资产阶级革命派在内地最早的也是最重要的反清革命团体之一。华兴会的成员大多数是留日学生和国内新式学堂出身的资产阶级、小资产阶级知识分子，先后入会的有四五百人，会员分布于省内外。它的成立，不仅标志着湖南革命组织的重大发展，而且由它派生的科学补习所，还是"后来促成辛亥武昌起义的几个地方革命组织的范本"，对推动两湖地区的革命乃至整个辛亥革命，都起了极其重要的作用。宋教仁也从此正式走上了推翻清政府统治的革命道路。

二、运动湖北新军

按照既定方针，华兴会成立后即着手武装起义的谋划，宋教仁身体力行，积极投入于紧张的准备之中。1904年2月6日，日俄战争爆发。2月12日，清政府对这场在中国东北地区进行的战争，竟然以局外人的身份宣布中立。清政府的腐败无能和妥协退缩，使中国人民蒙受了奇耻大辱，蔓延在地下的革命之火即将爆发。

这年春天，宋教仁受华兴会委派，赴湖北开展革命活动。他在武昌设立支部，发展组织。经过多次商讨，宋教仁采纳了刘静庵"从军队下手"的意见，着手运动位于武昌、汉阳、夏口（汉口）三镇的新军。在宋教仁看来，能够运动新军参加，枪杆子与军队就有了，而且革命之火，一经点燃，由新军来占领汉阳的兵工厂、楚望台的军械局，也容易多了。能夺下这两个地方，就不怕少枪缺弹了。这叫作"向敌借兵，就地取粮"，既省钱省事，又没有偷运枪弹所担的风险。因此，宋教仁加紧运动新军参加革命阵营，经常组织在军界和学界散发传单，宣传革命思想，还设法安排刘静庵加入武昌新军，担任马队管带黎元洪的书记。借助这一渠道，军中的一些机密消息，往往就很容易打听出来。

不久，华兴会会员胡瑛因组织留日学生军为官府所忌，被黄兴介绍到湖北宋教仁、吴禄贞处避难。胡瑛原名胡宗琬，字经武，湖南桃源人，出身于破落的小吏家庭，在长沙经正学堂读书时，是黄兴的学生，并与同乡宋教仁、覃振齐名，号称"桃源三杰"。胡瑛到达湖北后，很快与宋教仁成为挚友。胡瑛从长沙带来了华兴会准备与哥老会联手的消息，同时也认为"革命非运动军队不可，运动非亲自加入行伍不可"，深得宋教仁的赞许。不久，在吴禄贞的帮助下，胡瑛与张难先一起投入湖北陆军第八镇工程营当兵，具体实施"从军队下手"的革命策略。

宋教仁与湖北革命党人之所以要在新军中发展势力，决非偶然，主要是由于新军官兵思想活跃，易于接受革命主张。1894年中日甲午战争爆发后，原广西按察使胡燏棻奉清政府之命，在天津小站用西法编练十营"定武军"。次年，胡燏棻调任平汉铁路督办，便由袁世凯接手，并将"定武军"改为"新建陆军"。与此同时，张之洞也在署理两江总督任内编练"自强军"。1903年，清政府在中央设练兵处，1905年又制定陆军军制，要求各省设督练公所,将新军的编练推行于全国。至武昌起义前夕,新军已编练成十三镇。清政府以北洋新军为中央军,各省新军为地方军,借以巩固其垂危的封建统治。新军的中下级军官多由国内各武备学堂毕业生充任,间有少量学习军事的留学生。招收士兵采用募兵制,在体格、有无嗜好和文化程度上均有较严格的规定。

继黄兴等人刊行《游学译编》,介绍新思想、新知识,启发湘人革命觉悟后,刘成禺、李书城等人又在东京创办《湖北学生界》杂志,宣传"运动军队,鼓动民气,为革命下手之方"的主张。一时间,革命刊物流传于湘汉之间,军界、学界均深受其影响。湖广总督张之洞因此明令禁止在国内散发这些刊物,并致电东京,欲召回《湖北学生界》杂志的主笔。不料事与愿违,《湖北学生界》杂志经此一事,销路更广,影响更大。在革命党人积极活动下,湖北及各省新军中的下级军官和士兵倾向革命者日益增多,成为后来武昌首义和各省纷纷独立的主要力量。

为了加紧运动新军,宋教仁等人多方筹划在新军中建立革命组织,科学补习所就是在这一背景下成立的。

科学补习所是湖北陆军第八镇工程营士兵的革命组织机关。1903年4月,俄国撕毁中俄《东三省交收条约》,企图长期霸占东北,并提出7项无理要求,中国人民为此掀起拒俄运动。在拒俄运动高潮中,湖北学生吕大森、朱和中、胡秉柯、贺之才、时功玖、李书城等经常在武汉花园山李步青宅和水陆街吴禄贞宅集会,宣传反满并介绍有志青年知识分子入营当兵,还与会党建立了联系,实际上成为了一个革命团体,只是尚未建立一定的组织形式。不久,上述骨干分子被官府以派遣出国的方式遣散,朱和中等相继离鄂,吴禄贞被调往北京,这一无形的革命团体随之解体。此后,由于华兴会的影响,湖北的革命运动又发生了转机。

1904年3月,华兴会会员胡瑛被介绍入伍,在军中宣传革命。5月,

《科学补习所章程》

补习所章程（湖北武昌省城猎马廠口宜昌招待所内）

● 一 定名

学界同志于正课毕时思补习未完之课，故名补习所

● 二 宗旨

集各省同志取长补短以期知识发达无不完全

● 三 职员

（甲）总理一员 总庶务大纲

（乙）庶务干事二员 经理一切庶务

（丙）补习教员六员 就同人中选择学问优长者充当义务教员值星期轮流为同人讲习功课

（丁）会计干事一员 管理出入度支

（戊）书记干事一员 掌往来信件书稿等事

吕大森重返武昌，经同乡康建唐介绍，结识了胡瑛。他们与黄州来的何自新一起商量，都认为非组织一机关，不足以联络同志。这一建议得到了朱子龙、刘静庵、冯特民等人的支持。于是，由吕大森捐款50元，租定阅马厂东厂口某屋为会所，准备建立革命组织。5月，张难先、胡瑛、朱元成、吕大森、曹亚伯、康建唐等人在武昌召开筹备会，推吕大森起草章程，定名为"科学补习所"。科学补习所对外是一所补习学校，主要招收在校学生进行课余学习，每逢星期日由教员轮流讲授史地、数学、外语、理化、卫生等课程。科学补习所的章程标明其宗旨为"研究科学"，"集合省同志，取长补短，以期知识发达无不完全"，意在迷惑官府，实则是革命党人赖以聚集同志宣传、组织革命活动的机构。参加科学补习所的华兴会会员，除遵守补习所章程之外，还要以心牢记"革命排满"的革命宗旨。

1904年7月3日，科学补习所在武昌多宝寺街正式成立。这一天，到

会的人很多，大都是军、学二界的青年。大会推举吕大森为所长，胡瑛为总干事，宋教仁任文书，曹亚伯任宣传干事，时功玖任财政干事，康建唐任庶务干事。大会决定在武昌各学堂、兵营设代表，继续吸收同志。刘静庵为前锋营代表，朱子龙、李胜美为工程营代表，陈应甲为武普通学堂代表，宋教仁、欧阳瑞华、刘复为文普通学堂代表，刘度成为武昌高等学堂代表，朱子淘、易本义驻所办事。科学补习所和华兴会湖北支部虽然名义上是两个革命团体，但在实际上，彼此之间人员交叉，协同活动，都是华兴会的派生组织。宋教仁为了发起组织科学补习所，全力以赴，成为"所中办事极忙者"之一。

科学补习所成立后最主要的一项工作，是介绍新兵入伍，即招待"远来愿入学堂及入营者"，"代为安置一切"。当时，因受清政府对俄外交失败的刺激，军、学两界参加的青年很多。由于刘静庵在军中职务的关系，能够了解征兵情况，科学补习所便大量介绍知识分子从军，而且湖广当局一旦有行动，湖北革命党人也可以立即应付紧急情况。宋教仁、胡瑛等还介绍会党成员入伍。会党成员入伍前，必须接受密约："谓吾汉人四万万，亡国于满清之乎，已二百数十年，受尽苦痛，诸君此次入伍，务学成健儿，待时机至，起而革命，光复汉族，为一定之宗旨。"密约中的排满说教，虽然简单狭隘，但革命党人深入会党组织内部，对其成员直接进行初步的教育和约束，然后送至新军中接受训练，体现了革命党联络会党的一种新方式。经过一番努力，科学补习所宣传革命的影响力越来越大，两湖地区新军中革命势力不断扩张，播下了武昌新军发动辛亥革命的火种。

在此前后，宋教仁还与黄兴等人创办了庆文讲习所，又称"东文学社"，作为华兴会的一个重要分支机构。社址设于长沙小吴门正街伍家井，对外以"专教授东语、算学，以备资送日本工厂学习切要工艺"为名，招收年龄在15—22岁之间、"体质坚强，无各项嗜好"的年轻人，实为华兴会培训革命党人的场所。

在加紧运动新军的同时，华兴会仍继续争取会党参加反清武装起义。华兴会成立时就非常重视会党的作用，将其视为武装起义的重要力量来源，确定了"要使革命早日成功，必须联络哥老会"的方针。当时，湖南哥老会的势力很大，其中马福益的洪江会是一大支流，在永州、长沙、衡州三府地区有很大势力，控制的会党成员不下数万人。刘揆一向黄兴建议，反满的种族革命虽然必须依靠军界、学界的热血青年，但广泛争取他们需要一定的时间，革命要想马上见效，只有动员会党参加。而且这些人本来就以反清复明为宗旨，且讲团结、重义气，完全可以为我所用。黄兴对此非常赞同，于是派刘揆一携带自己的亲笔信前往马福益处，以反满的民族思想相劝说，使其皈依革命，服从领导。由于华兴会成员多是知识分子，怕会党成员复杂，难与共处，便专门设立同仇会，作为联络会党的机构。自此，华兴会实力大增，武装起义的计划也随之被提上了日程。

三、谋划长沙起义

就在科学补习所成立不久的1904年7月，黄兴从上海途经湖北，向前来欢迎的补习所同志通告了湘省起义的计划，预定11月16日（夏历十月十日）慈禧太后70岁生日时在长沙起义。因为这一天湖南的高级文武官员都要在长沙参加祝寿活动，在长沙起义可以趁机将他们一网打尽，然后再迅速向全省发展。科学补习所同志一致赞同，约定"湘省发难，湖北响应"。8月，科学补习所讨论起义计划，决定派宋教仁赴长沙与华兴会联络；吕槐庭、康建唐赴施南，何季达赴荆宜联络会党；刘度成、欧阳瑞华负责联络武昌武高等学堂和文普通学堂；刘静庵、张难先负责联络马队和工程营。其余各校各营，均有负责干事。华兴会购买的枪械弹药，也由胡瑛、王汉赴江西湖口起运至武昌。

接受任务后，宋教仁立即赴长沙，与黄兴等华兴会重要成员商讨湘鄂起义计划。黄兴为此专门召开了会议。会上黄兴介绍了湘省起义的方案：以省城长沙武备学堂学生以及新旧各军为主力，以会党为辅助力量，趁炸药爆炸之时，占领省城；同时省内浏阳、衡阳、常德、岳州（今岳阳）、宝庆（今邵阳）五路响应。宋教仁也在会上介绍了武昌的准备情况，并告知已秘密印了30万军用票，准备起义后，供应湘鄂两省的开销。会议最后确定了整个湘鄂起义以军界学界为指挥、会党为主力的方针策略，黄兴任起义总指挥，宋教仁不仅负责联络协调华兴会和科学补习所，加紧运动武汉三镇新军，而且担任了五路之中常德方面的起义负责人。

会后，宋教仁回到武昌，向科学补习所的同志汇报了长沙之行的情况，又立即奔赴常德，做起义前的最后准备工作。行前，宋教仁写信给胡瑛、覃振，要求他们也回常德，帮助筹划起义。9月，宋教仁抵达常德，同行的有负责军事的游得胜、楚义生等人。在组织发动常德一路起义的工作中，宋教仁充分显露了宣传革命和组织群众的才干。他在武陵县衙对面的五省客栈设立"湘西联络总站"，作为响应长沙起义的机关。同时又找到刘复基、胡范庵，联络了西路师范学堂学生蒋翊武、常德中学学生孙安仁，以及会党首领孙汉臣，向他们宣传华兴会的宗旨和章程，并发展他们加入华兴会。接着，宋教仁又分派大家分头活动，蒋翊武、孙安仁专门负责串联学生，孙汉臣具体负责联络会党和防营的士兵。

自从1900年唐才常领导长江中下游地区会党和新军中下级官兵发动自立军起义失败后，很多会党首领被镇压，其余的也散落各处，但革命潜力很大。为了把这一部分人重新组织起来，1904年10月初，游得胜、孙汉臣在常德笔架城开堂。这天天气晴朗，到会群众踊跃，大家假装赌徒聚赌，以掩官府耳目。宋教仁出席了堂会，在会上强调这次起义与过去自立军起义反对慈禧太后、保护光绪皇帝不同,是反清的革命,目的在于建立一个民主共和国。会上宋教仁被推举为大龙头,决定起义那天,大家扮作香客,到笔架城旁的府文庙集合,听候指挥。这天到会的群众,个个情绪激昂、摩拳擦掌,准备拿起武器大干一场。

在筹划常德起义期间,由于经费短缺,宋教仁等人驻五省客栈的伙食费都出现了亏欠,于是便派楚义生到长沙去找黄兴催要军火和经费。但楚义生久去未归,军火和经费一时无着,各路人马也催索甚急,宋教仁只好回自己的家乡筹集。10月22日,他回到家乡桃源。虽然穷苦百姓中愿意响应起义者众多,但手握巨资的富人们却多不以为然,甚至讥笑嘲讽,起义经费无法在短时间内筹措。在这种情况下,宋教仁想到了变卖家产。他与母亲和兄长商量,打算以开矿集资为名,变卖家中田产以筹经费。虽然征得了母亲的同意,但由于时间紧迫,奔走数日也没有找到买主。他的大哥宋教信建议他去长沙与黄兴商议,"不可因无饷而功败垂成"。宋教仁便于30日冒雨出发,前往桃源县城,再雇小舟急赴长沙。

一到桃源县城,宋教仁就去县学拜望自己在漳江书院求学时的恩师黄彝寿。刚刚寒暄几句,就有差役送来一封公文,上写要缉拿乱党"宋敏仁"。黄彝寿一看便知公文中将"宋教仁"误写成了"宋敏仁",晓得弟子宋教仁闯了大祸。但他马上镇定下来,在公文上批写了"查无此人"4字,来搪塞上司(后来因此事被罚俸3个月),同时催促宋教仁赶紧离开县城,并送给他两吊钱作为盘缠。宋教仁拜谢恩师后,从县学后门走出来,过河走沅水南岸,登小船奔往长沙。

第二天,船至常德停留时,楚义生已从长沙回来,仅带来20块银元。一问才知,黄兴尚未筹到巨款,只好也变卖了家产,但仍是杯水车薪。距起义日期仅半月时间了,宋教仁心中万为焦急,于是委任刘瑶臣和楚义生两人坐镇常德,负责处理一切事务,自己则与晏熊、胡幻安继续赶奔长沙。

为了筹集去省城的经费，宋教仁将被具、眼镜及夏日衣物送至当铺，又得钱三吊，方算成行。

11月5日，小船终于抵达长沙。宋教仁等人来到东牌楼祟正书屋后，发现门已封闭，一片寂然，了无人迹。宋教仁以为地址搬迁，又到东文讲习所驻地打探消息，同样没有结果，此时又听说长沙官府已捕杀两名革命党人，心中不禁忧虑起来，于是急忙赶往黄兴寓所。看门人说黄已出门，十余日未归，不知去了何处。宋教仁更为茫然，联想到在桃源时公文通缉所谓"宋敏仁"之事，心想这几天必定发生了重大变故，于是打算立即离开长沙。

快要出城时，突遇科学补习所的曹亚伯。曹对宋教仁到省城非常惊讶，急邀其至圣公会堂密室细谈，告知内情。原来，黄兴和华兴会发动群众，主要是通过洪江会马福益及其徒众，沿袭会党散发布票的方式进行。马福益曾派游得胜、肖贵生等人充当华兴会中路副办等职，散发同仇会和华兴会票，扩大组织。这一举动后被官府侦悉，捕杀了游得胜、肖贵生2人，还派兵四处严拿革命党人。在曹亚伯催促之下，宋教仁赶紧告辞躲避。回到船上，宋教仁与胡幻安及晏熊紧急商议对付办法。他想派晏熊回常德立即发动起义，以牵制省城，缓解紧张局势。但晏熊因经费问题一时难以解决，便搁置下来，准备过几天探听真实消息后再行商议。

次日，宋教仁登岸进城，至宁乡中学再度探访曹亚伯，方知长沙起义计划泄露的缘由。原来，华兴会会员武备学堂学生朱某，"误泄其事于巨绅王先谦，王乃告密于湘抚陆元鼎"，从而使起义计划泄露。曹亚伯介绍完情况后，催促宋教仁速离省城。当他将要出城之时，再遇曹亚伯。经介绍，宋教仁到圣公会堂会见了黄吉亭牧师，得知自长沙起义计划败露后，清政府大肆搜捕革命党人，黄兴已被迫匿居于长沙吉泽巷圣公会，后在黄吉亭牧师帮助下化装离开长沙，乘日本轮船奔赴上海。宋教仁获悉起义流产、黄兴出走后,"神色惨伤"。黄吉亭给宋教仁看了抄录的游得胜、肖贵生2人口供,里面供出的五路起义负责人中,就有宋教仁的名字,只不过误写成了"宋家仁"。曹亚伯还告知,昨日官府已派兵前往常德捉拿宋教仁,应速速躲避。

长沙起义的失败,直接原因是会党人员在浏阳、醴陵一带的旧军中出入频繁,人多口杂,导致风声泄露。而深层原因则在于,华兴会的活动处于半公开状态,缺乏严格的纪律和斗争的训练;会党在组织上虽然有着森严的会规,但在活动中却行为散漫,不适应重大的政治行动;加之起义的组织工作并不十分扎实周密,临时协议和虚张声势经不起严酷斗争的考验,也容不得半点偶然的过失,长沙起义的失败在所难免。这表明,革命要取得成功,仅仅依靠人员成分庞杂的会党作为基础力量,是不可能的。尽管如此,长沙起义的组织筹划工作还是值得高度肯定的。华兴会自诞生之日起,就把发动武装起义作为主要任务,决心以暴力手段推翻清政府的专制统治。宋教仁和黄兴齐心协力,积极运动新军的中下级军官和士兵,并在会党中做了有效的联络发动工作,为实现起义计划做了必要的组织准备。由于他们在革命筹划阶段就注意争取散居下层的群众,其声势远在庚子年间唐才常发动的自立军起义之上,影响也极为深远。起义风声震惊两湖,不仅为"湖南人之革命思想"播下了种子,使革命风潮"弥漫三湘七泽",也对湖北等邻省的革命运动产生了积极的影响,成为"中国内地革命之先声"。正如孙中山所说,"其事虽不成,人多壮之"。这在当时的历史条件下,可以说是难能可贵的。

11月10日,宋教仁独自一人乘船离开长沙前往武昌。第一次发动并领导武装起义,竟中途遭到失败,宋教仁虽然感到十分痛心,但并没有丧失对革命前途的信心。船过岳州、螺山时,观览江河沿岸的壮丽,回想革命历程的坎坷,他不禁百感交集,口占长歌一首,辞曰:

噫吁嘻！

朕沅水流域之一汉人兮，愧手腕之不灵。

谋自由独立于湖湘之一隅兮，事竟败于垂成。

虏骑遍于道路兮，购吾头以千金。

效古人欲杀身以成仁兮，恐徒死之无益，且虑继起之乏人。

负衣徒步而走兮，遂去此生斯长斯歌斯哭斯之国门。

嗟神州之久沦兮，尽天荆与地棘。

展支那图以大索兮，无一寸完全干净汉族自由之土地。

披发长啸而四顾兮，怅怅乎如何逝？

则欲完我神圣之主义兮，亦惟有重振夫天戈。

一路之上，宋教仁还另作诗两首，表达了起义失败后的沉重心情和立志反满革命的政治抱负。

其一云：

满地腥膻岁月过，百年胡运竟如何？

我今欲展回天策，只奈汉儿不肖多。

其二云：

日落浦风急，天低野树昏。

孤舟依浅渚，秋月照征人。

家国嗟何在，乾坤渺一身。

夜阑不成寐，抚剑独怆神。

11月16日，也就是原定长沙起义的这一天，宋教仁顺利到达武昌，改名换姓，住在一家客店里。这天也正好是为慈禧太后祝寿的日子，武昌城里条条街道悬灯结彩，家家户户挂起龙旗，市上行人来来往往，大有歌舞升平之象。可是，这种假象却掩盖不住清政府对革命的惊恐与戒备。宋教仁的同学告诉他说："此间风潮颇大，科学补习所已闭，武昌知府正访查胡经武（胡瑛）来历。今日各营兵装束齐整，满街梭巡，城门严查出入，以防华兴会起事。"宋教仁抵达武昌的当天，便与文普通学堂的曾松乔、欧阳骏民、陈文生、曾德铭等人取得联系，并从他们那里了解到长沙起义失败后科学补习所及武昌的情况。

原来，长沙起义的计划被官府侦知后，科学补习所与华兴会的关系也随之暴露。科学补习所收到黄兴派人送来的密信后，立即取消机关，停止活动，布置隐蔽。胡瑛、王汉将枪械埋藏在汉阳鹦鹉洲，刘静庵销毁所内文件，并移居高家巷圣公会，张难先通知所内成员紧急躲避。张之洞得到湖南巡抚电报后，连夜派兵围搜补习所住址，结果一无所获，仅探听到租房人是文普通学堂学生欧阳瑞华。当时梁鼎芬仍然主持学务处，由于补习所师生大多是学堂师生，他怕案情扩大于己不利，便向张之洞说情，仅将欧阳瑞华和已离校的宋教仁两人开除了事。

宋教仁得知已被学堂开除学籍，无法在武昌立足，十分感慨，认为湖北之地不可久留，于是向胡瑛、曾松乔等人告别，乘船去上海追随黄兴。第二天，他搭乘日本"瑞和"号轮船沿江东下，奔赴上海。

11月21日，宋教仁抵达上海后，准备到启华译书局与黄兴等人联系。启华译书局是黄兴等人从长沙奔赴上海后成立的革命机关，地址设在新闸路余庆里。但此时书局已被查封，只有一名印度巡捕守在门外。原来，长沙起义失败后，黄兴和其他逃亡的华兴会会员来到上海住进余庆里书局。

11月19日，上海发生了华兴会会员万福华刺杀前广西巡抚王之春事件，黄兴等人受到牵连被捕。万福华，安徽合肥人，戊戌变法失败后开始从事反清活动，经吴春阳介绍结识黄兴，加入华兴会，曾在南京刺杀铁良未果。王之春，湖南清泉人，任广西巡抚期间，主张以出让矿产权利为条件，借法款法兵镇压起义，激起国内拒法运动，1903年被解职移居上海后，又主张亲近沙俄，引起民愤。于是，万福华刺杀王之春于四马路金谷香番菜馆，未遂被捕。参与密谋的章士钊等人第二天前往巡捕房探视时被扣，供出余庆里住址。巡捕前来搜查，避难于此的黄兴等人全都被捕，只有刘揆一有事外出，幸免于难。黄兴被捕入狱后，蔡锷等人多方奔走营救，使黄兴于11月23日获释，出狱后避走日本。

　　因受刺杀事件影响，清政府到处搜捕革命党人，宋教仁在上海也难以藏身，于是也决定东渡日本。经过十几天的筹备，12月4日，宋教仁与杨守仁、杨度三人共乘三菱公司"高沙丸"号船，渡海赴日，开始了新的奋斗生涯。

第三章
奋笔倡言革命

创办革命刊物

维护间岛主权

研习西方思潮

主笔《民立报》

一、创办革命刊物

1904年12月8日,宋教仁乘船抵达日本长崎,又经马关、神户,13日在横滨码头登岸,乘车来到东京,开始了历时6年的海外流亡和留学生活。

长沙起义失败后的苦闷,对老母、爱妻、幼子的思念,以及亡命异国他乡的漂泊感,加之过度劳累、生活无着,使宋教仁的内心十分郁闷压抑。据其日记所载,1905年就医4次,而1906年多达28次。宋教仁的体弱多病,主要是由于为革命工作繁重、学习生活紧张所引起的。来到东京后,为了发行《二十世纪之支那》和筹组中国同盟会,他没日没夜地劳碌奔波。一段时间里,每天15小时、每周90小时的紧张工作和学习,使他的身心难以承受,再加上他心里还挂念着一直在故乡的老母、爱妻、幼子。所有这些,终于使他患上了严重的神经衰弱症,如他所说,"病初时睡眠不佳,精神不振,渐发成全身疼痛,情绪不能自控,终日难睡"。1906年8月20日至11月4日,宋教仁因患神经衰弱症加重,住进东京脑医院接受治疗。出院后,又在宫崎寅藏的家里休养了两个月。

身在异国他乡,加上有一段时间生病住院,宋教仁思念家乡、想念亲人的情感就表现得尤为强烈。翻阅《宋教仁日记》,一个海外游子的思乡、思亲之情跃然纸上——1906年3月14日,收家信一封,"使人子思亲之心油然";9月21日,病中无聊,回忆往事,不觉"生乡国之感";10月6日,雨夜独坐窗前,触景生情,作诗一首:

> 他乡久流落,独夜更萧疏。
> 孤枕梧桐雨,残灯蟋蟀秋。
> 此生愁里过,故国梦中游。

天下滔滔是，孤怀何日酬！

《革命评论》杂志第七期的"革命风流"栏目中，刊载有宋教仁在这一期间写成的两首诗。一首名曰《思家》，诗云：

去国已三载，思家又一秋。
亲忧知白发，闺怨定蓬头。
禹城腥膻满，天涯道路悠。
有家归未得，期待灭匈奴。

另一首名曰《感怀》，诗云：

西风萧飒东海秋，世事苍茫感百忧。
涕泪天涯悲失国，风云塞上起驱胡。
百年涂炭怜奴种，万里山河奉独夫。
我欲横刀搔首问，黄人惨祸几时休。

宋教仁的这些诗里，有对去国怀乡、离家辞母、抛妻别子的无限惆怅，有对祖国、家乡和亲人的眷恋思念，有对国家山河破碎，人民惨遭蹂躏的满腔悲愤，更有挽救民族危亡、献身革命的报国雄心。他把对家乡和亲人的一往情深与对祖国命运的深深关切紧密地融合为一体，使情感得到了升华。

面对国事、家事和疾病的折磨，宋教仁作为一名充满革命热情的理想主义者，没有像有些留学生那样消沉下去，将自己的生命抛入颓废的潮流，而是毅然从逆境中奋起，振作精神，继续投入轰轰烈烈的革命洪流中去。

流亡日本期间，宋教仁积极活动，广泛交游，结识了不少朋友，很快

留日期间的宋教仁

就成为留日学生中的活跃分子。1905年1月13日，宋教仁加入了秋瑾等人组织的演说练习会，很快就成为一名积极分子，并当选为该会书记。该会每月开会演说一次，宋教仁在以后的革命斗争实践中成为一名富有魅力的演说家，就是以此为开端锻炼出来的。2月10日，宋教仁还被推选为湖南同乡会桃源县的代议士。他不仅与刘尧徵、孙迪卿、欧阳俊民、曹德铭等国内革命志士保持着联系，还结识了金井歌子、宫崎寅藏、平山周等日本进步人士。

当时，大批革命志士被迫流亡海外，华兴会其他重要人物刘揆一、张继、章士钊、陈天华等也都追随黄兴来到了日本，大多住在东京，于是东京逐渐成为了革命中心。宋教仁本是华兴会重要成员，因而时常与他们一起从事革命活动。由于个人活动能力强，思想坚定，宋教仁逐渐成为华兴会中仅次于黄兴和刘揆一的重要人物。

与邻近的中国相比，日本的政治和社会环境要宽松、开放得多。对于刚刚从封闭环境中走出来的中国留学生们来说，20世纪初日本近代文明的成果足以令人瞠目结舌，目眩神移。在这样的环境之中，中国留学生的身心必然会出现巨大的变化。他们中的许多人剪去发辫，穿上西服，尽情沐浴着西风欧雨。还有一些人玩物丧志，沉湎于声色犬马，中国留学生会馆的地板常常被激情的舞步震得吟吟响，与上层社会同流合污者亦不在少数。日本报纸甚至用"放纵卑劣"之类的语言来指责中国留学生。对此，陈天华深感锥心之痛，在《绝命书》中呼吁留学生们自尊、自重、自爱。章太炎东渡日本仅三月，就奋笔疾书《革命之道德》一文，严厉批评留学生"顺其意欲"、"倜傥非党"的现象，指出革命者必须具有高尚的道德节操。如何振奋精神，继续革命，成为东京留日学生中的仁人志士们关注和思考的严肃课题。

在此形势下，宋教仁深感要将革命继续下去，必须要做好充分的准备，尤其是通过宣传的手段，形成革命的舆论。他认为杂志可以通过言论促进民德、民智、民力的进步，启发与引导国民的思想，进而"对内足以组织完全之国家，对外足以御列强之吞噬"，于是产生了创办杂志的念头。

1905年初，宋教仁在东京越州馆吴崑住处召开杂志筹办会议。到会的有吴崑、田桐、白逾桓、张步青、鲁文卿、郭尧阶、雷道享、陈天华、程家柽、秋瑾、李仲卿等10多名具有反清革命思想的留日学生。宋教仁在会上首先发言，倡议破除地方团体意识，联合创办一个革命刊物。经过全体与会者的讨论，大家推选宋教仁和张步青担任杂志经理，并委托宋教仁起草杂志章程，同时兼任总庶务，负责组织与联系事项。这次会议上，宋教仁还提议把杂志命名为《二十世纪之支那》。

1月8日，《二十世纪之支那》杂志社举行成立会议，到会者20余人，通过章程，选出职员，宋教仁任总庶务，陈天华任编辑，李仲逵任会计（后由白逾桓接任）。22日，杂志社发布章程并开始认股工作，新入股者10余人，使认股者增至30余人。

当时，留日学生创办的杂志已达几十种，如《湖北学生界》《新湖南》《浙江潮》等，大都以宣传爱国思想、号召救亡为中心，抨击清政府的丧权辱国、昏庸腐败，鼓吹只有学习西方、奋起自救，才能外御列强、保护利权，挽救中国的危亡。这些杂志多以省区命名，反映出革命者的活动还比较分散，仍存在着狭隘的乡土地域观念局限，带有较浓厚的地方色彩。而宋教仁主持创办的刊物以《二十世纪之支那》命名，显然突破了地域观念的界限，站到了一个新的政治高度，体现出他已经从全国范围着眼中国革命的远大理想。

为筹备这本杂志的出版，宋教仁奔波忙碌，不辞辛苦。但在数日之后，经费、文稿仍显不足。在困难重重的情况下，宋教仁发通知给各社员，准备开会商议办法。3月19日，社员30余人到越州馆开会，宋教仁首先介绍了杂志迟迟不能出版的原因：一是由于社员股费未交，经济不足；二是文稿不能收齐，不能付印，且即使能印出第1期，第2期也无法再出。为此，请全体社员为维持杂志的正常运转出谋划策。不料，宋教仁此番陈述刚一结束，陈天华即提出辞去杂志编辑一职，众人见之，均束手无策。会议开了一个上午，没有协商出任何对策。3月21日，振武学校戴渭卿致信宋教仁说："总编辑皆辞职，宜从此解散。"翌日，戴渭卿、江峄岷等8人来函表示不愿入股，要求杂志社应于下个礼拜解散。当日下午，郭尧阶、白逾桓、田桐与宋教仁讨论杂志之事，皆不主张解散，最后决定下次开会时再作议决。

3月26日，经过《二十世纪之支那》杂志社社员公决，大多数社员不赞成解散，并推举程润生为杂志新任总编辑。但包括戴渭卿在内的部分社员仍坚持退社，而且强烈要求退还入社时所交股金。杂志初创时的步履维艰，并没有使宋教仁有丝毫的退却。此事之后，宋教仁百般设法，四处奔波，全身心地投入创刊的具体事务中，并自觉承担起撰写稿件的责任，其数量之多，竟占至第1期的四分之一。在美国由刘成禺主笔的《大同日报》曾认为《二十世纪之支那》"系宋教仁一人所办"，毫不夸张。

几经周折，6月24日，《二十世纪之支那》终于正式在东京创刊。杂志社地址设在东京麹町区饭田町三丁目一番地，编辑有宋教仁、田桐、黄兴、白逾桓、鲁鱼等人。第1期只印了3000册，出版发行之时，宋教仁亲自或将杂志邮寄到国内各处，或分派到书店请其代为销售，一时间异常忙碌，但在精神上如释一重负，内心大感轻松愉快。

《二十世纪之支那》杂志以"提倡国民精神，输入文明学说"为宗旨，倡导爱国观念，开展国民教育。为此，刊物决心"以正确可行之论，输入国民之脑，使其有独立自强之性，而一去其旧染之污，与世界最大文明之国家，有同一程度，因得以建设新国家，使我二十世纪之支那，进而为世界最一强国"。

《二十世纪之支那》杂志初定为月刊，主要栏目有图画、论说、学说、政法、历史、军事、理科、实业、丛录、文苑、时事、时评等，原拟栏目还有教育、经济、地理、哲学、小说等。杂志的版式是24开本，由右至左直排，正文及标题用4号宋体字，分栏标题则用1号大小之隶书加框，风格简朴大方，封面之刊名为手写隶书直印。后来在该刊基础上更名出版的《民报》仍沿袭了这一版式。

为了突出《二十世纪之支那》杂志反清和反帝的民族主义特色，宋教仁决定采用黄帝纪年取代清朝帝王年号。这在中国革命的历史进程中，意义是非常重大的。自19世纪中后期以来，时人感到以帝王年号纪元已与时代精神严重不相符合，遂产生了采用新纪元的想法。特别是那些接触过西学或游历过欧美的维新派人士，注意到诸多西方国家采用耶稣纪元，结果在增强国民凝聚力方面发挥了重要作用。这些人从中得到启示，欲立儒学为国教，提倡以孔子诞生之年为纪元，以唤醒国民精神。革命党人对此则持否定态度，于是便有人出来提议以黄帝诞生之年为纪元。

宋教仁深知，纪年之事关乎革命运动的法统即政治合法性，而且将来

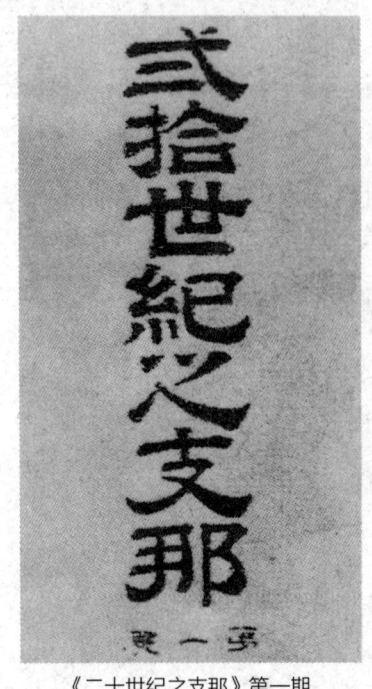 

《二十世纪之支那》第一期　　　　　《民报》第一号

革命成功以后,在建国时也必将涉及此问题。纪年之事意义重大,必须寻求一个令全体国民都可以普遍接受的方案。于是,他详细研究当时新创的各种纪年的得失,并综合参考国内外学界的看法,认为应"以中国纪年托始于黄帝即位元年癸亥为正",主张以黄帝即位之年为纪元,"为汉族开国之一大纪念"。宋教仁在写日记时,就使用了这种纪年,称这一年(1905年)为"开国纪元四千六百零三年"。他的这种纪年方法后来迅速推广开,同盟会及武昌起义后建立的湖北军政府都采用了黄帝纪年,以表达不再奉清廷为正朔的决然革命意志。

与采用黄帝纪年相配合,在《二十世纪之支那》创刊号上,还印有陈天华所撰《警世钟》封面上的黄帝肖像,宋教仁在背面为肖像亲撰了题词:

呜呼!

起昆仑之顶兮,繁殖于黄河之浒。

藉大刀与阔斧兮,以奠定乎九有。

使吾世世子孙有啖饭之所兮,皆赖帝之栉风而沐雨。

嗟我四万万同胞兮,尚无数典而忘其祖。

第十姓子孙之一个人宋教仁敬题

宋教仁不仅为《二十世纪之支那》的创刊做出了重要贡献,而且还亲自为杂志撰写了大量政论文章。在杂志第一期上,刊登了他亲撰的7篇文章。他以犀利的笔锋,猛烈抨击满清政府的腐朽统治,愤怒谴责帝国主义的野蛮侵略,展现出一个青年学子的拳拳爱国之心。

在《汉族侵略史·叙例》一文中,宋教仁力倡民族主义,大声疾呼:"吾四万万尊祖敬宗之同胞乎,起!起!!起!!!二十世纪之中国,将赖汝为还魂返魄之国,迎汝为自由独立之尊神,汝老者壮者少者幼者,其勉乎哉!其勉乎哉!汝毋漠视焉,旁视焉,再遗汝祖宗所造光荣之历史羞也。"

在《西方第二之满洲问题》一文中,宋教仁揭露了沙俄侵略我国新疆的野心,指出这次事件的起因源于1905年4月,新疆库车、喀什噶尔等地有回民滋事,并私下与俄国人通和言好,请其派兵保护自己,致使俄兵数千人侵入伊犁、塔尔巴哈台、喀什噶尔等地。新疆巡抚通过外交文书要求俄国人停止派兵,俄国人非但不听,反而还修筑炮楼和兵房,企图长久占据下去。据新疆巡抚和伊犁将军电告清廷外务部的情况,俄国兵已由伊犁进入迪化府(今乌鲁木齐)和绥东县城,当地百姓被迫纷纷逃避,背井离乡。

宋教仁指出,用贪狠狡狯的手段侵占别国领土,是俄国人惯用的伎俩。俄国人对新疆早已是垂涎三尺,妄图占为己有,以此来巩固其在中亚的地位,进而实现其侵略西藏和印度以抵制英国的战略。只不过由于近年来俄国忙于经营远东地区,尚无暇西顾。而现在,俄国在日俄战争中败给了日本,加上英国加紧侵略西藏,种种因素促使其急于入侵新疆。一旦俄国进入新疆,必定会南下与英国争夺西藏。面对列强对中国领土的竞相争夺,清政府只会将土地拱手相让,宋教仁对此悲愤地慨叹道:"堂堂帝国老大,以土地为人角逐场者,必反退居第三国之位置,而无复地主之资格,此无可疑者也。"他认为新疆最终将会成为中国西部的"第二之满洲"。

宋教仁在《二十世纪之支那》上发表的时评,具有非常鲜明的批判性和相当强烈的战斗性。他撰写的《黑龙江尚添置民官耶》一文,讽刺清政府不知日俄在中国东北交战究竟所为何事,不但无力保全自己的领土,反而贸然在黑龙江新设府厅州县,实为可笑之举。为此,宋教仁还引用了日本侵略者的话:"满洲善后策,非清廷自家所得提议者也。"他深刻指出:日俄"抛金钱,糜血肉,纳无量之代价",两国决不会成为鹬蚌,让清政府从中坐收渔翁之利。

当时,日俄战争激战正酣,不少中国留日革命者有偏向日本一方,希望日本获胜的糊涂思想。而宋教仁则对日俄两国交战的目的是争夺我国东北,认识得非常清楚。他在《中立国之防务如斯而已乎》一文中指出:俄国波罗的海舰队东来时,曾想借福建厦门为其根据地。清政府严令闽浙总督提高警惕,加强戒备,并严守中立立场。厦门道与水师提督选拔300名兵勇为巡警军,又另外调派提标一哨驻守鼓浪屿,还命令乡绅操办民团,雇佣民船数只,巡逻金门。对此,宋教仁批评清政府平日"一心以压制家奴为务",而在对外防范方面则用心不够,直到俄国人兵临城下,才仓皇应对,企图凭借数百名乌合之众来抵挡俄国人的坚船利炮,简直是将国家防务视同儿戏。宋教仁对清政府腐败无能的强烈不满,跃然纸上。

《二十世纪之支那》这一鲜明的批判性和战斗性,是与宋教仁等人强烈的反帝爱国思想分不开的。宋教仁在《二十世纪之支那初言》这篇社论中，明确地将反对清政府统治和反对帝国主义侵略的民族主义概括为"爱国主义"，提出要建立一个独立的强国。他还将爱国主义区分为"美术的观念"和"伦理的观念"两种。美术观念的爱国心，就好像对花鸟的喜爱，在其繁华烂漫的时候，欣赏之情溢于言表甚至沉醉其中，一旦它们枯萎凋谢，则喜爱之心便随之消散。至于伦理观念的爱国心，则视国家为严父、慈母，一旦国家面临危难，便甘愿以生命相捍卫，就好像救自己的父母于水火之中，即便是力竭兵穷，牺牲生命，也不会被敌人所吓到。宋教仁就是在后一种意义上提倡民族大义、爱国主义的。在他看来，即使国土完全被他国占领，只要国民的爱国心日益强烈，那么此后一定会再有独立复国之日。

这篇社论还回顾了19世纪末20世纪初帝国主义对中国的侵略状况，列举了甲午战争后帝国主义国家的4种殖民方法：一是征服；二是占领；三是争夺财政权；四是划分势力范围与保护地域。日本割占台湾，德国强占胶州湾，都属于占领的范畴。到了20世纪初，经历庚子之变后，各主要帝国主义国家基本上都在中国划分了势力范围——扬子江流域为英国的势力范围，云南和两广为法国的势力范围，山东为德国的势力范围，江西、福建为日本的势力范围，俄国也在中国北方经营谋划。在这场瓜分中国国土的狂潮中，东三省是日俄两国争夺的焦点，而且两国在这片土地上势均力敌，力量此消彼长，最后为取得对东三省的控制权，日俄两国竟不惜兵戎相见，在战场上一决高下。在这篇社论中，宋教仁还将列强对中国的态度分为两派：一派主张分割中国，一派主张保全中国。他进一步指出，主张分割中国的列强，其目的在于灭亡中国，而保全中国的观点，也必须引起国人的警惕，因为，清政府没有能力维护中国领土和主权完整而寄希望于列强，这无异于饮鸩止渴——列强既然能够保全中国，也就当然能够灭亡中国，控制权是始终掌握在列强手中的，清政府只能任人摆布，将自己的命运交与他人。

《二十世纪之支那》除刊载大量政论性文章外，对西方的各种思想学说也作了一些介绍，除理科、实业外，还有政法、军事和哲学等。例如黔首的《国际法上之国家》一文，介绍了国际法及国家的一般知识，并指出：清政府不知国际法为何物，盲目守其唯我独尊的观念，夜郎自大，以"天朝"自居，将外人一律视为蛮夷，对于他国国情茫然无知，对于外交规则更是闻所未闻，更不用说运用外交规则维护自身利益了。一旦遇到外交纠纷，便招招失败，授人口实，被他国要挟，致使国家主权被侵犯，领土被强占，家园被破坏，国权民财几近丧失殆尽。中国要通过革命推翻清政府的统治，成立20世纪的新中国，必须制定切实可行的遵奉国际法的外交政策。文中还介绍了近代国家的相关知识，如组成国家的三要素——领土、主权和人民。这些介绍，对于反对清朝专制制度，建立资产阶级共和国，以及确立革命政权的对外政策，都做了非常必要的思想准备。

7月27日，《二十世纪之支那》第二期刚刚印好，日本政府就以"妨害安宁秩序"为由下令查封了杂志社，将已经印好的刊物全部没收，宋教仁、田桐等人也被日本警方传讯。究其因在，是由于这一期所登载的蔡汇东《日本政客之经营中国谈》一文，揭露了日本对中国辽东半岛的领土野心，引起了日本政府的恼怒与不安。宋教仁据理辩驳，但也无法改变杂志被迫停刊的结局。

9月21日，同盟会在东京召开第二次干部会议，黄兴在会上提出一项动议：由于《二十世纪之支那》杂志社半数以上成员已经加入同盟会，因此可将该刊改组为同盟会的机关刊物。这个提议得到与会成员的一致赞同，会后便开始办理交接手续。

宋教仁得到同盟会已准备正式接收《二十世纪之支那》为机关刊物的通知后，为表面上断绝与旧报的一切关系，决定不再使用原刊名，新刊名也尽量不使用"排外主义"的字眼，以免引起日本政府的警觉。经过反复比较权衡，他最终采纳了胡汉民的意见，将刊物更名为《民报》，以宣传三民主义为宣传中心。考虑到张继擅长日语，便于对日交涉，又以张继为《民报》发行人。宋教仁仍为庶务干事，经办《民报》一切事务，并兼撰述员。

11月26日，《民报》正式创刊于东京。孙中山为《民报》亲撰发刊词，首次提出了民族主义、民权主义、民生主义的三民主义革命纲领。《民报》的创办及其宣传，扩大了同盟会的队伍，壮大了革命派的声势，逐渐成为辛亥革命期间进步舆论的中心。

《醒狮》月刊是中国留学生在东京创办的又一著名爱国刊物，于1905年9月创刊，开辟有论说、军事、教育、政法、学术、化学、医学、音乐、读丛、文苑、小说、时评、杂录等栏目。其创刊号开篇有诗云：

> 美哉黄帝子孙之祖国兮可爱兮，
> 北尽黑龙西跨天山东南至海兮，
> 皆我历代先民之所经营拓开兮，
> 如狮子兮奋迅震猛雄视宇内兮。
> 诛暴君兮除盗匪兮彼为狮害兮，
> 自由兮独立兮博爱兮书于旆兮，
> 唯此地球之广漠兮尚有所屈兮，
> 我黄帝子孙之祖国其大无畏兮。

《醒狮》月刊发起人为留日中国学生高天梅。一开始，她想把《醒狮》与《二十世纪之支那》合二为一，宋教仁也表示赞成，但因《二十世纪之支那》第二期流产而最终没有实现。于是，高天梅请宋教仁担任《醒狮》杂志撰稿，每日提交一篇文章。与其同人者还有朱髯侠、柳亚子、马君武、李叔同、高旭、王建善、金天翮等人。

宋教仁在《醒狮》月刊上发表的较有代表性的评论文章，是《清太后之宪政谈》和《袁世凯乃敢与国民宣战邪》，前者以激愤的笔墨，揭露了清朝统治者"立宪"的骗局，后者则猛烈抨击了袁世凯禁止抵制美货运动的卖国行径。

20世纪初，清王朝的统治在义和团运动的冲击之下几乎土崩瓦解。为了维系统治，清政府从1901年起，开始推行所谓"新政"，并启动了预备立宪的进程。至于实行立宪的真实目的，慈禧太后在接见请求立宪的大臣时，说得非常清楚："立宪一事，可使我满洲朝基永久确固，而在外革命党，亦可因此消灭，候调查结束后，若果无妨害，则必决意实行。"

对此骗局，宋教仁始终保持了清醒的认识。留日期间，他对宪政学说已有深入研究，在1905年8月发表的《清太后之宪政谈》一文中，宋教仁以嘲讽的语气揭露清政府是想通过实行立宪，达到既能永久稳固统治又能消灭革命党的一石二鸟的目的。西太后的"若果无妨害"之言，便是一语道破天机。西太后无论从自身利益考虑还是从整个满清政府的实际利益考虑，都是绝对不会赞成立宪的。宪法限制的是君主的专制权力，保障的是国民的平等权利，因此，立宪一事，有利于国民而不利于政府，有利于汉人而不利于满人。纵使是西太后能够大发慈悲、舍己从人，也不可能实行这一"上背祖宗成法，下削子孙权利之非常举动"。退一万步说，就算是西太后能够毅然实行之，一向享有特权的200万满族人也不可能"降心相从以让人"。

宋教仁还将资产阶级立宪国家关于国民义务、权利等原则，与清朝的封建制度相对比，论证清朝统治者绝对不会真正实行立宪。他指出：

第一，立宪国国民的义务必须平等，最基本的体现是缴纳国税。但是按照清政府的定制，汉人皆需交纳地丁漕粮，而满人不但占据着汉人的土地,而且还要靠汉人所交纳的粮食来供养。在这种制度下,今日的立宪根本不可能实现满人与汉人同等交纳国税。

第二,立宪国国民的权利必须平等,最基本的体现就是人人拥有选举权。但是按照清政府的定制,京内各部、寺、院的主官是满汉人数平均,但属官则是满人多于汉人,至于内务府、理藩院等及京外的将军、都统则没有一个汉官,而满人总数仅占汉人的二百分之一。在这种制度下,今日的立宪根本不可能破除此项不平等的惯例,而且将来选举议员时,依旧会出现这种不平等。

第三,立宪国国民有财政监督之权。汉人所交纳的国税都被那拉氏任意挥霍,国民无从监督,今日的立宪根本不可能由议会出面对皇室的一切用度规定限额,也不可能对财政进行预算、决算,并使国民了解内情。

根据以上三点,宋教仁得出结论:"满清政府必不能实行立宪也明矣;即能行之,亦必非真正立宪,不过如朝鲜之宪法,俄罗斯之宪法(现俄国议行立宪,八月十九日已下召集国会之诏,然各国新闻皆评其为似是而非之宪法,俄国国民亦不大满意,谓其不过一时怀柔之策),或不然,而英人对于印度之宪法,日本对台湾之宪法也明矣,吾汉(人)切勿为那拉氏之言所愚焉可也。"

1905年爆发的抵制美货运动,是中国人民为抗议美帝国主义者虐待华工、迫害华侨、拒不废除期满的限制华工条约而发动的一次较大规模的群众运动。美国资产阶级为了开发本国西部,陆续从中国诱骗了大量华工,赴美从事开矿、垦荒、筑路等最繁重的劳动,从而促成了美国西部经济的繁荣。19世纪70年代后,美国周期性经济危机不断,工人运动蓬勃兴起。美国政府为了转移人民斗争视线,大肆煽动排华浪潮。1894年,美国强迫清政府签订了"限制来美华工"的条约,对赴美华工规定了各种苛刻的条件限制,虐待华工、迫害华侨的行径也在美国社会愈演愈烈。1904年,"限制来美华工"的条约期满，海外华侨和国内人民纷纷要求废除这一条约。迫于舆论的压力，清政府为修改条约和美国政府进行了磋商。但美国政府拒绝接受，一意孤行，因而激起中国人民的极大愤怒。波澜壮阔的抵制美货运动迅速在全国范围内发动起来，并于1905年7月进入高潮。

抵制美货运动兴起以后，美国政府百般恫吓，威胁清政府出面压制。在美国的压力下，清政府于8月21日发布谕旨，竟说抵制美货"有碍外交"，命令各省督抚"从严查究，以弭隐患"。时任直隶总督的袁世凯首先镇压了天津的爱国运动，福建、广东等省的抵制美货运动也相继遭到了禁止。宋教仁在日本得知这一消息后，立即于8月26日撰写了《袁世凯乃敢与国民宣战邪》一文，对其进行声讨。他说：全国抵制美货的运动激烈磅礴，国民无不摩拳擦掌，极力声援，这正是焕发我国民精神的大好时机。不料袁世凯丧心病狂，竟然逆民愿所为，以暴力镇压国民抵制美货运动。敢如此冒天下之大不韪，不过是因为害怕抵制美货运动伤及美国总统的感情，影响其在调停日俄战局中的作用。在驳斥了袁世凯镇压抵制美货的种种谬论之后，宋教仁指出袁世凯镇压国民抵制美货运动，对满洲问题不可能有实质性的影响，这一切不过是袁世凯的一厢情愿，他讽刺袁世凯只知道一味地"迎合主意，献媚取巧，压制同胞，效忠异族"，真正是清政府"惟一之忠奴也"。可以说，这一事件和这篇檄文的发表，使宋教仁和袁世凯彼此都给对方留下了深刻的印象。

二、维护间岛主权

宋教仁是一个坚定的爱国主义者，自投身资产阶级革命以来，时时以探索国家的出路为己任。然而，自中日甲午战争以来，由于列强的贪婪和清政府的腐败，中国在殖民地化的深渊中越陷越深，这更使他忧心如焚。

1907年，日本谋占中国领土间岛，引起宋教仁的极大关注。

"间岛"一词，系出自朝鲜越境垦民之口。考其由来，本是我国吉林省延边地区沿图们江自茂山以下沿江许多滩地中的一块。这些滩地中，以光霁峪前俗称"假江"的滩地面积为最大，纵10里，宽1里，有地2000余亩。这一地区自古以来就是中国领土。康熙五十一年（1712年），中国与朝鲜曾派使者会堪边界，竖立界碑，规定西以鸭绿江、东以图们江作为两国的界限。"假江"滩地就位于图们江北岸，原是满族皇室的发源地，清初在此地实行封禁，不许开垦，以致逐渐土地荒芜、地广人稀。同治年间，图们江南岸的朝鲜钟城发生大饥荒，朝鲜人渡过图们江，移居图们江北岸，垦荒构居，形成村落，并将其开垦的土地称为"垦土"。后来，朝鲜人竟在连接我国土地的一侧偷挖了一条大沟，江水自沟中流过，使滩地成为四面环水的江中人工岛，于是"垦土"就成了"垦岛"。光绪二十九年（1903年），朝鲜政府官员李范允依仗沙俄侵略者的势力，图谋图们江以北的中国领土，在给清政府有关地方当局的公文中使用了"垦岛"的音译"间岛"一词，并声称该地区应属朝鲜。此举由于清政府的坚决抵制而以失败告终。

日本也对地处战略关键位置的所谓"间岛"地区垂涎三尺，从而为进一步侵略中国东北做准备。1905年日俄战争后，俄国势力退出北满，日本以朝鲜人在延吉一带开荒为名，硬说"间岛"位于朝鲜一侧。日本人守田利远在其所著《满洲地志》中，更是妄指海兰河以南、图们江以北地区为"间岛"（包括今天隶属于吉林省延边朝鲜族自治州的延吉、汪清、和龙、珲春四县市），从而使其地理范围大大超出了原初光霁峪和假江地的范围。这样，"间岛"就被说成同日本的九州岛一般大小的地域了，其险恶用心，于此可见一斑。反映日本政府意图的日本报纸，也开始散布谬论称："鸭绿、松花、图们三江，发现于其地俨然一小独国，曰间岛"；"间岛国……东西七百六十里，南北三百五十里，（从）帽儿山沿辉发河南岸一带地域悉入间岛范围"。他们还进一步谬称："如此广大之版图，属中属韩，当难断定。"《报知新闻》《每日电报》《朝日新闻》等甚至公开声称"间岛者，全然韩国之属地"。日本人还用所谓"东间岛"、"西间岛"、"北间岛"之说，将"间岛"的范围扩大到鸭绿江北部地区。于是，小小的"间岛"，已由当初沿江的2000多亩滩地，演变成我国延边地区数千里的土地了。这些谬论的出笼，为日本图谋占领中国领土作了舆论上的准备。更为严重的是，日本政府还擅自派宪兵在图们江北岸设立"间岛派出所"，企图长期霸占我国延边地区。日本参谋本部的长白山会也乘机制造伪证，否认中国对该地区拥有的主权。一场严峻的领土主权之争，摆在了国人面前。

1905年8月24日，清政府外务部表示：间岛系日人强立名目，其地为延吉厅所属，确系中国领土。9月，东三省总督徐世昌派前邮传部右丞陈昭常为吉林边务处督办，练兵处监督吴禄贞为帮办，勘察界务。13日，清政府外务部派员与日本阿部代理公使举行谈判，中方催促日本退兵。但由于日方毫无诚意，一味歪曲事实，而清政府外务部对于吉林省边界向来没有详细的地图，又没有可以佐信的史籍，谈判数月，非常棘手，双方始终僵持不下。于是，本来不存在的边界问题，在日本的精心谋划下，演变为中外瞩目的外交重案，史称中日"间岛问题"。

这时，宋教仁正在东北地区联络"马侠"，闻知此事后，义愤填膺。他虽是革命党人，以推翻清政府为革命目标，但在"间岛"这一涉及中国领土主权的重大问题上却以民族大义为重，坚决主张寸土不让。他怀着维护祖国领土完整的民族正义感，在日本友人片山潜的帮助下，化名贞村，装扮成日本人，混入长白山会，拍下了该会制造的大量假证据，又在日本帝国大学图书馆发现数种朝鲜王室编纂、确言所谓"间岛"地区为中国领土的书籍，还查阅了大量的地方志史料，经过几个月的努力，终于在1908年写成了6万多字的《间岛问题》一书。

在书中，宋教仁以大量史实论述了中日"间岛问题"的由来和争议所在，还从他所擅长的国际法出发，从"间岛"领土主权的历史、自然的地势、境界的条约等三方面，雄辩地证明了所谓"间岛"自古以来就是中国领土，并从"间岛"与东亚政局关系的角度，剖析了日本制造所谓"间岛问题"的侵略本质。

"间岛"作为中国的领土，已是铁证如山的事实，日本之所以强词夺理，不惜冒犯国际外交规则也要将"间岛"攫为己有，其原因和目的何在？宋教仁根据当时的国际形势，对日本的侵略阴谋进行了深刻剖析。他指出："间岛"地理位置特殊，正好位于中、日、俄3国势力的缓冲地带，是可以"控引东西"和"临制南北"的战略要地。如果中、日、俄3国中有一国捷足先登，认真规划和经营，大则可以抵御其他两国势力的介入，小则可以巩固本国边疆，维护边界地区的安宁。在日俄战争之前，俄国就曾从所谓"间岛"区域内的珲春向西占领了芝丹城，并分兵屯守在帽儿山南北，将当地的马贼招抚后，便以此为据点四处侵略。如今，日俄战争战局已定，日本趁俄国势力退出、中国东北混乱之际，挑起所谓"间岛问题"，其目的是要在朝鲜和北满之间寻求一片可以"形援相济"、"指臂相倚"的地域，作为联络南北交通的枢纽。无疑，"间岛"地区正中日本人下怀，他们在"间岛"一带筑路开矿，就是想以"间岛"为据点和跳板，进而把中国的北满变成日本的殖民地。

《间岛问题》一书写成后，立即引起了日本方面的关注。东京一些学者纷纷要求宋教仁将这本书的版权高价卖给日本。日本政府则出价5000元，宋教仁坚决不允，却将本书托同乡许孝授转交了清政府驻日公使李家驹。李家驹抄写一份后，送交清政府外务部。当时任外务部尚书的袁世凯得到此书后，立即电召宋教仁回国，准备调用其参加对日谈判，还让李家驹送给宋教仁酬金2000元。宋教仁开始坚辞不受，后在李的一再强求之下勉强收下，但随后便将这些钱分发给在日的贫困留学生，并且表示"吾著此书为中国一块土，非为个人之赚几文钱也"。据1908年10月12日在新加坡出版的《中兴日报》报道，袁世凯、那桐均认为宋教仁人才难得，特意电告驻日公使李家驹，让他请宋教仁赴京助理交涉"间岛"事务，遭到宋的拒绝。后来新任驻日公使胡惟德又奉袁世凯、那桐二人之命，再次力求宋教仁赴京以当重用，并且敦促再三。不料，宋教仁大怒，致信李家驹和胡惟德，认为自己此举纯系出于民族大义的爱国之举，是清政府曲解了他的本意。为表示坚决拒绝之意，他交还了留学生官费折子，还要求革去自己的留学生之名，以断绝与清政府之间的关系。

《间岛问题》一书，为清政府和日本政府谈判"间岛"归属问题提供了令人信服的理论和事实依据，也得到了舆论的支持。清政府外务部得到此书后，如获至宝，用书中所述事实和证据，反驳了日本的各种谎言谬论，最终得以在谈判中获胜。1909年9月4日，中日双方代表在北京签订了《图们江中韩界务条款》，又称"间岛协约"，确定"间岛"为中国领土。直到今天，世界各国包括朝鲜和韩国政府，也都承认"间岛"是中国领土。

在所谓"间岛问题"的外交谈判中，宋教仁的《间岛问题》一书为中方提供了关键性的证据。事后，慈禧太后要用四品京官之职奖赏宋教仁，宋再次慨然拒绝，声言："吾本革命党人，乌能为清政府官，但能为祖国尽力者，生死以之，不愿为官也。"从而表现出以国家利益和中华民族大义为重的高尚爱国情操。

三、研习西方思潮

宋教仁到东京后，在积极参加各种革命斗争活动的同时，也从不放过任何一个学习的机会。1905年3月1日，宋教仁进入东京顺天中学校学习日语和英语。为了尽快掌握一两门外语，以后他又到日语讲习所报名听课，到东京青年会馆学习英文。为了磨炼自己的革命意志和锻炼身体，并为学习军事作准备，他于10日又特地到日本体育会报名学习徒手操、兵士操和骑马术，练习打靶，并到野外操练演习。4月7日这一天，他因"有生以来乘马之第一次"而从马上摔下来，"伏地不能起，经四五分钟之久"。但他毫不气馁，一翻身又骑上，奔驰了好一阵，才去医院治疗。宋教仁原也打算学习陆军，以为将来继续领导武装起义作准备。后来，由于思想观点发生了转变，他放弃了学习军事而改攻政法。

辛亥革命时期的资产阶级革命党人之中，绝大部分是重破坏而轻建设，他们对将来要建设的资产阶级共和国的具体方案，有的甚至可以说是茫然无知。但宋教仁却截然不同，他在经过一番认真的观察和思考后认为，"满清脆弱终易破坏，而言治者今犹无闻，吾党不得辞其责"。在他看来，清政府的统治容易推翻，而建设和治理新国家则实属不易之事，但多数革命党人还没有意识到这一点。要担当其责，必须"专心研究政法、经济诸学科，为将来建设时代之需"。可以说，留学日本期间的宋教仁，就已经开始通过研习西方各种先进思想学说和政治法律制度，为革命后的国家建设作准备了。

为了研究西方的政治学说和法律制度，宋教仁于1905年6月11日进入东京法政大学学习政治与法律。翌年2月1日，他改名为宋炼，进入早稻田大学留学生部预科学习，开始比较正规地接受大学教育，并系统研习法政理论，从而为此后的政治活动奠定了坚实的理论基础。

在学期间，宋教仁给自己规定了学习的日程安排："余自修之程，每日六时半起，盥洗，早餐，七时后阅报，八时后观书，九时后上学堂，下午五时回，至六时晚餐，散步、静坐，六时后作文，八时后温习功课，十时后读心的学问书（上午观书者随意观也），写日记，十时半就寝。"周末休息日则"上午去外访人,下午观书,六时后仍同"。如此,"每日力行之,以励此躬"。从中,可以看出宋教仁在早稻大学田预科学习的作息时间和他一周的学习及生活情况。

宋教仁还有一个很好的学习习惯,就是每天坚持看报,这也是他了解西方资本主义制度的一个窗口。阅报过程中,如果发现了自己所需要的内容,或有了心得体会,就摘录、记录在笔记本或日记里。1906年9月1日,宋教仁在日记中写下了这样一段阅报心得:

> 阅新闻良久,有言墨西哥现总统德阿士氏之事,以德氏政治为墨国政治之黄金时代。墨国昔人政治纷乱,革命时起,民不聊生,自德氏为统领后(本四年一任,德氏连任二十六年),国运勃兴,殖产兴业,制度文物,皆臻极盛。

这段心得体会,流露出宋教仁对资产阶级议会制度的赞赏和向往。笔记、日记中类似这样的内容还有很多。辛亥革命成功后宋教仁任法制院院长、农林总长时,所颁布的法规、政令,很多内容都能从他留日期间的笔记和日记中找到渊源。

除了坚持阅读报纸,在留日的头两年时间里,宋教仁对西方政治学说和法律制度的潜心研究,主要还是通过他自己动手译述有关书刊进行的。从1906年4月至1907年1月,他辛勤译述不下60万字。以下就是他译述的主要篇目:

1月10日—11日,《日本宪法》(5400字);

2月10日—20日,《露(俄)国之革命》(9500余字,刊登在4月出版的《民报》第三期上,题目是《一千九百零五年露(俄)国之革命》);

3月15日—4月7日,《英国制度要览》(60400余字);

4月8日—17日，《万国社会党大会略史》（13000字，刊登在6月出版的《民报》第五期上）；

4月18日—5月8日，《各国警察制度》；

5月17—？，《国际私法讲义》；

5月26日—6月6日，《俄国制度要览》；

6月1日—6日，《澳（奥）地利匈牙利制度要览》；

6月10日—14日，《美国制度要览概要》（约60页）；

6月15日—17日，《澳（奥）匈国财政制度》；

10月25日—11月3日，《德国官制》（约10000余字）；

11月8日—30日，《普鲁士王国官制》；

1907年1月，《日本地方渔政法规要览》。

通过宋教仁的这些译述，可以看出他阅读研习世界各国政治法律制度的范围之广泛、内容之精深。这些学习积累，为他以后绘制中国的政治发展蓝图奠定了理论基础。

在学习西方资本主义国家的过程中，宋教仁对方兴未艾的社会主义运动也有了初步的了解，发表过一些看法。

还是在武昌文普通中学堂就读的时候，《湖北学报》就刊载有《研究社会主义之必要》之类的文章，介绍西方的社会主义流派。

此时正积极投身革命，对进步书刊如饥似渴的宋教仁，很有可能会涉猎到这类文章。来到日本东京以后，视野随之开阔，接触社会主义的机会就更多了。

1906年1月1日，宋教仁到宫崎寅藏（别号白浪庵滔天，世人多以其别号称其宫崎滔天）的家中祝贺新年，结识了日本早期社会主义者、宫崎寅藏的胞兄宫崎民藏。不久，他又得到了宫崎民藏所著《人类之大权》，对平均土地之说有了初步的了解。3月间，他通过宫崎民藏赴芝区会见了俄国革命志士、民粹党人彼尔斯特基。彼尔斯特基向宋教仁讲述了自己革命主张，认为专讲政治革命和专讲社会革命，人民都不可能获得真正的自由，只有政治革命与社会革命同时并举，人民的真正自由才有可能真正实现。这一观点，对宋教仁的影响很大。

这一年，宋教仁还以"犟斋"（"犟"同"犟"）为笔名在《民报》上发表了两篇译文，分别为《一千九百零五年露国之革命》和《万国社会党大会略史》。前者叙述了1905年俄国（日文称"露国"，由俄国为迎接晨露最早的国家而来）工人和农民的革命声势，指出俄国工人与农民阶级在革命中所蕴藏的巨大能量，尤其是工人的总同盟罢工，"整齐之步武，静肃坚确"，使得"露国政府所骇异，而外人所惊叹者也"。他认为俄国的工农革命不但动摇了沙皇的专制独裁统治，而且其影响必将波及于欧洲其他国家。后者则叙述了世界社会主义运动的发展概况，并赞叹说："自社会革命之说出现于世界，而后人道胚胎，天理萌芽，将来全世界之问题，其于是焉解决乎？"文章还引用了《共产党宣言》最后一部分的一段话，并将其译为：

> 吾人之目的，一依颠覆现时一切之社会组织而达者，欲使权力阶级战栗恐惧于共产的革命之前，盖平民所决者唯铁锁耳，而所得者，则全世界也。

这段话，就是今天我们大家所熟知的《共产党宣言》中的如下一段：

共产党人不屑于隐瞒自己的观点和意图。他们公开宣布：他们的目的只有用暴力推翻全部现存的社会制度才能达到。让统治阶级在共产主义革命面前发抖吧。无产者在这个革命中失去的只是锁链。他们获得的将是整个世界。

然而，由于时代和认识的局限，此时的宋教仁对科学社会主义的认识并不十分清楚。直到1911年8月他在《民立报》上发表《社会主义商榷》一文时，仍是如此。在这篇文章中，宋教仁综述了社会主义各种流派的观点，将其归纳为4种：

第一种是无治主义，即无政府主义。无政府主义作为思想主张较为激进的一种社会主义流派，认为国家都是以资本家和地主为本位而成立的，资本家和地主因而也成为统治阶级，其政治法律制度皆是为保护统治阶级的政治、经济权利而设立，社会各阶级的不平等已经达到极限。因此，无政府主义者主张废除国家和政府。各国的无政府党大都属于此一流派。

第二种是共产主义。该流派认为一切资本和财产都是人类社会共同创造的产物，私有制不符合社会发展趋势，主张一切资本和财产归社会所有，各国共产党和科学社会主义者皆属于此一流派。

第三种是社会民主主义。该流派认为现存社会的生产资料大部分由少数富人私有，而大多数人的自由被侵夺，主张将一切生产资料归社会所有，由社会和国家经营，并废除一切特权，使每个人在生产分配上都享有平等权利。各国的社会民主党、劳动党、社会民主主义修正派都属于此一流派。

第四种是国家社会主义，即所谓社会改良主义，又被称作讲坛社会主义。该流派认为国家及社会组织不可破坏，主张运用国家权力，改良社会制度，消除社会不平等现象。各国政府及政治家中主张社会政策者皆属于此一流派。

宋教仁认为，这4种社会主义流派之中，第一种、第二种绝对否认现行社会之组织，不以国家为必要，极力主张破坏现状，因而与现存社会万不能相容，故称为极端的社会主义。第三种、第四种则不然：社会民主主义不绝对否认现存社会组织，主张通过人民参与政权的方式，实行国民主权与生产公有、分配平等的社会制度，可以称之为稳和的社会主义；国家社会主义则以承认现存社会组织为前提，在保持社会秩序稳定的范围内，实行改良的社会政策，侧重点在于国家而不在于社会，因而有人认为他们是非社会主义者。

那么，如果中国要实行社会主义，应该以哪一种社会主义流派的学说为标准呢？宋教仁认为：如果采用第一派即无政府主义学说，则必然要采取激烈的手段，破坏现存的一切国家政府机关，其结果就是，没有了相应的制度运转载体，不论世界上多完美的政治制度，都将成为无法实现的空中楼阁；如果采用第二派即共产主义学说，除了采取激烈手段破坏现存的一切国家政府机关外，更要将一切资本家、地主和生产机关全部消灭，不仅政治不能建设，连私有财产也将不复存在；如果采用第三派社会民主主义学说，则必然要组织政党团体与现政府进行竞争，以谋求政权，在获得执政地位后，再对现存的政治和经济关系进行改革；如果采用第四派国家社会主义学说，要有一个必要的前提条件，就是实行者要处在执政者的地位，而后才可以凭借国家权力，实行其社会政策。基于此种认识，宋教仁从革命党人的立场出发，认为中国若要实行真正的社会主义，就应选择无政府主义或共产主义，而社会民主主义与国家社会主义，"皆非所宜尊崇者也"。

但是，宋教仁虽然向往社会主义，但却认为中国的国情不适合实行社会主义。他在文中质问那些宣扬社会主义的人士：是否有见地和决心在中国实行社会主义？又将选择何派学说的社会主义？其实行之道又当如何？他不仅对实行社会主义提出了疑问，而且还假设了中国实行他所理解的"真正社会主义"所产生的"恶结果"，那就是："政治或不足以维持安宁，增进幸福，财产或不足于满足国民生活，国家之内部外部忧患丛生，人民之精神方面物质方面颓落备至,社会经济之生产分配耗竭凌乱,莫可名状。国之所以幸存者,盖亦不过赖有此仅存之政治与财产制度以为维系,一旦变本加厉,并此而去之,人类社会必至全然不得安宁幸福及生活,以成为毫无秩序之世界,亡国灭种之祸,因是促成,乃至欲求政治与财产制度时代之不自由不平等而不可得,画虎不成,反至类狗,吾人试想象此悲惨之状况,其亦不能不生恐怖矣。"

可见,由于时代和阶级的局限,宋教仁此时对社会主义的认识和理解,与马克思主义的科学社会主义学说有着本质的区别。人类社会历史发展规律表明:任何一种生产关系都受到由其决定并同其相适应的政治上层建筑的保护,改变旧的生产关系、确立和发展新的生产关系的社会革命,往往首先要从改变旧的政治上层建筑的政治革命开始。正是在这个意义上,马克思曾指出:"每一次革命都破坏旧社会,就这一点来说,它是社会的。每一次革命都推翻旧政权,就这一点来说,它是政治的。"随着新政权的建立,政治革命必然发展到社会革命。社会革命的完成,又为下一步的社会建设开辟道路、创造前提。

而此时的宋教仁,还不可能从生产力与生产关系、经济基础与上层建筑的矛盾运动中理解把握新兴的科学社会主义学说和运动。尽管他曾经对俄国1905年的革命表示过向往之意,并对社会主义就自己的理解作过一些介绍,但他并没有能够接受社会主义,仍是醉心于在中国实现西方资本主义式的政治法律制度。

四、主笔《民立报》

《民立报》是辛亥革命时期著名的革命报刊之一,1910年10月11日在上海创刊。该报由于右任主办,宋教仁、范光启、景耀月、章士钊等先后担任主编,徐天复、吕志伊、杨千里、叶楚伧、马君武、张季鸾、王无生等参与编撰。作为一个综合性的日报,《民立报》栏目繁多,内容丰富多彩,设有社论、外论、译论、谕旨、宫门抄、专电、译电、新闻、大陆春秋、上海春秋、杂录(小说、文苑、新剧、世界丛谈、诗知)、科学丛话、东西南北等栏目,以刊发新闻为主,日出三大张。《民立报》以提倡国民独立精神、培植国民独立思想、建立独立之民族和保卫独立之国家为宗旨,针砭时弊,揭露君主立宪骗局,批判封建专制制度,谴责帝国主义侵略,鼓吹民族民主革命,号召推翻满清政府。

1911年1月,宋教仁从日本回国,刚一抵达上海,就应《民立报》社长于右任的邀请,担任主编。主笔《民立报》期间,宋教仁用笔名"渔父"或"桃源渔父"撰写文章,文笔雄浑,煌煌大论,每日数千言,在不到一年的时间里,就发表文章80余篇,内容涉及内政、外交、经济、军事和文化等各个方面,极受读者欢迎。

1911年2月起,他在《民立报》上连续发表了《东亚最近二十年时局论》(1911年2月8日—3月27日)、《国际法之新发明》(1911年2月9日)、《蒙古之祸源篇》(1911年2月10日)、《滇西之祸源篇》(1911年2月15—16日)、《假仁义与真面目》(1911年2月18日)、《自由行动之流行》(1911年2月18日)、《二百年来之俄患篇》(1911年2月20日、3月4日)、《承化寺说》(1911年3月4日)、《讨俄横议》(1911年3月21日)、《外债感言》(1911年3月27日)、《变相之割让》(1911年6月11日)、《北方又割地矣》(1911年6月16日)等10余篇文章,以事实为基础,全面分析了中国在当时世界上所处地位和面临的危机。

宋教仁认为,中日甲午战争是中国由盛转衰的转折点。自甲午战争之后,各国开始合谋瓜分中国。德国借故两名德国传教士被杀,突然强占并租借胶州湾,还与清政府签订了不能将山东割让给他国的强盗式协议;俄国强行租借旅顺、大连，攫取了在满洲的种种特权；英国强租威海卫，与清政府签订协议规定不能割让长江流域给他国；法国强租广州湾，与清政府签订协议不准将云南、两广割让给他国；日本也与清政府签订了不准将福建割让他国的协议。甚至，连当时的西方资本主义小国意大利也想趁火打劫，觊觎三门湾而未能得逞。此外，各国列强还取得了在中国修筑铁路和开采矿山等特权。日俄战争之后，列强又开始对中国采取领土保全、门户开放和机会均等政策，以维持他们在中国的均势。列强之所以要在华维持均势，并不是出于对中国的友好，而是因为他们在中国的势力划分并不均衡，其自身的状况也不尽相同，既然不能一致对中国实行平均式的分割，反倒不如暂时维持现状，"勿使变更，以待将来"。列强其实是各怀鬼胎，无时不在谋划攫取在华利益——日本时刻都在想着独吞中国；沙俄始终在觊觎中国新疆和东北的大片土地；英国想继续控制长江流域，并且窥伺云南与西藏；而美国则正在利用其强大的经济力量，拼命向中国内地扩张侵略势力。因此，中国被"瓜分豆剖"的危险局面并没有过去。

宋教仁通过认真的观察和研究，将外国侵略者分为经济侵略派与武力侵略派两种。他认为，随着中国半殖民地化的加深，经济侵略派与武力侵略派必然相互竞争，以最大限度地扩大在华势力。在这两派侵略势力当中，已经出现了力量的分野——经济侵略派以美国为领袖，英国辅之；武力侵略派以日本为领袖，俄国辅之。不出五年，日英同盟及其他各种协约条约将全部解散。不出十年，日本与美国则干戈相见于太平洋之间，两强相争的目的，必在于争夺中国，而两国交战的导火线，必是满洲问题或监督中国财政问题。如果到了那时，清政府仍不知在国际外交舞台上采取主动、折冲樽俎，挽救国家于水火，则必然成为东方的第二个波兰，面临被美日两国瓜分的危险。宋教仁还以日本为例，指出日本在崛起过程中，就是鉴于国际形势的变化，开始采用经济侵略的政策，在中国大量输出资本，以此和其他列强竞争，后来又采取经济侵略和武力侵略亲头并进的策略，在侵略中国的列强中异军突起。

宋教仁对列强的侵略野心始终洞察于心，他特别强调，列强借款给中国是为了达到控制和奴役中国的目的，并且今后列强的对华政策也会转向以经济侵略为主，而借款又是其最主要手段。他以埃及因借款而亡国的教训为例，指出清政府是在重蹈埃及的覆辙——外债不能偿还，导致国家破产；军备不能自养，致使士卒挨饿；而皇室因为养尊处优，安而忘危，对人民的困苦漠不关心，成为独夫民贼，并且为了维护自身摇摇欲坠的统治，必然会残酷地压制国民的不满与反抗；国民因为压制过甚，必然铤而走险。宋教仁这一系列在当时尚为他人所不及的独到见解，为中华民族的危亡再次敲响了警钟。他对国际形势的判断和对革命趋势的预见，很多都已被后来的历史发展所证实。

宋教仁在研究和评论国际形势的时候，尤其注意对沙俄的揭露，对其"日日耀兵，以示威于我满、蒙、新疆"的侵略行径，进行了猛烈的抨击。他告诫国人，对俄国侵略者要时刻保持警惕，因为自1689年侵占黑龙江以北大片领土以来，沙俄就始终没有停止过对中国的侵略。

1911年2月，沙俄政府就中俄边界问题，向清政府提出了6项要求：俄人可以在蒙古地区自由贸易；俄人在蒙古享有治外法权；在松花江设税关；在蒙古、新疆各处设置领事；俄国领事与中国地方官会审；俄人可以自由在蒙古、新疆等地购房建屋等。甚至有外电传言，俄国要求中俄以唐努乌拉山为界，如清政府不肯接受，不惜以武力解决。沙俄这一蔑视国际法、欺凌中国政府、侮辱中国人民的飞扬跋扈的强盗行为，激起了宋教仁的怒火。针对这一事件，宋教仁立即写出声讨檄文，指出沙俄蛮横无理的行为，"盖可谓自有国际交涉以来，未见其例者哉"！

对于沙俄的侵略野心，宋教仁指出，沙俄侵略东亚和中亚，意在取得太平洋和印度洋的出海口,这就是沙俄所谓的极东政策与中东政策。此前因日英等国反对而未能得逞,今日若得到蒙古、新疆两地,一则可以南下中原,二则可以通过西藏而临印度,沙俄的极东政策与中东政策即可实现。对于沙俄的武装威胁,宋教仁主张坚决反击。这种坚决态度,源于他对沙俄的深刻认识——沙俄虚声恫吓,动辄以战争相威胁,是因为他们以为中国兵力单弱,惧怕战争,只会妥协投降。宋教仁指出,在此情况下,与其投降亡国,不如背水一战,尚可以存有一丝胜利的希望。如果中俄两国真的发生战争,中国将如何应战?宋教仁认为,西伯利亚铁路是沙俄在东北亚的交通要道,如果中国派一旅之师,出蒙古向贝加尔以冲断这条铁路,断绝其东西交通之路,并封禁东三省的粮食,使其不能运往俄国领土,则俄国在东北亚的数十万军队便会不战而溃。宋教仁还考察了当时俄国的外交形势、军备政策、交通计划以及财政预算方针,在综合各种因素的基础上,对俄国宣战的可能性提出了质疑。尤其自日俄战争以后,俄国创伤未愈,不敢轻易发动大规模侵略战争,国内人民的革命风潮又异常激烈,更不容许政府发动对外战争。因此,他提出中国政府和国民不要惊恐于俄国的"宣战"伎俩,其日日陈兵恐吓,耀武扬威于我边境,无非是其长久以来惯用的诡计。

宋教仁不愧为一个具有丰富国际知识的青年政论家,也不愧为一个头脑清醒的爱国主义者。在主张武力抵抗的同时,他还主张通过外交手段来解决中俄关系。一方面,他为清政府应对中俄交涉提出了上、中、下三策:以强硬手段作正当防卫,断然拒绝俄国的全部无理要求,击破俄国虚声恫吓为上策;交涉开始后,若谈判不顺利,不能使其全局退回,则我方不妨先行让步,以酌量允许,削弱俄方盛气,然后就自由贸易和置地造屋两问题与俄国交涉,以确保蒙古、新疆的经济主权为中策;对俄国所提条件,全部接受,等到数年以后再作计议,此为下策。另一方面,宋教仁又提出要利用法、德、俄三国之间的矛盾,对他们进行分化瓦解。这些分析和主张,毫无疑问是正确的。由于宋教仁的上述文章鞭辟入里,脍炙人口,被《东方杂志》等大报争相转载,产生了相当大的影响。

面对西方列强对中国的疯狂侵略,如何挽救中华民族于危亡之秋,是宋教仁日夜焦虑的问题。他认为,在当时的形势下,"吾国积弱,非善运外交不足以求存"。而在对外交往中,他尤其注重联络"无狡谋之美国",主张中国政府应利用美国的经济力量,以相应的条件,输入美国的资金,开发我国的生产,这样既可以运用外交领域中的经济政策达到强国的目的,也不会导致外交局势的恶化。但是,受到时代和阶级的局限,宋教仁并不主张发动人民群众起来反抗帝国主义的侵略,而只是主张运用外交上的纵横捭阖,利用列强之间的矛盾,乘机"改革国政,恢扩国力"。事实上,西方列强对中国的侵略、掠夺和控制,决不是已陷入半殖民地半封建深渊的中国运用外交手段所能摆脱得了的。宋教仁这种主张的提出,恰恰反映了中国资产阶级在帝国主义面前的软弱性格。

宋教仁在指出中国面临外患的同时,还在《民立报》上发表了多篇文章,痛批清政府各级官员的腐败愚昧、因循守旧,斥责他们对国际形势一无所知,甚至为了一己私利,不惜营私罔上,"学秦桧、严嵩之所为而毫无顾忌",从而将中国一步步地引向危险境地。在这些文章中,他抨击清政府对内不仅不保护人民的利益、促进工农业生产的发展,反而千方百计地对人民进行残酷剥削和肆意掠夺,要求人民俯首听命,否则就一律格杀勿论。除了利用军队镇压革命党人的武装起义外,清政府还特地设置了控制人民的警察部队,专门侦探革命党人的秘密活动。宋教仁将此举称为"专制民贼最阴险毒狠之手段"。而在对外问题上,清政府则屈膝投降,与列强签订了一系列丧权辱国、割地赔款的不平等条约,还无耻地说外国侵略者不过是"肘腋之忧"、"肢体之患",却视人民的反抗为"心腹之害"。对于清政府这种对外卑躬屈膝、对内残酷镇压的倒行逆施行径，宋教仁怒斥其"徒务虚声，假饰面目"，"藉其威力，日日为亡国之事，自居于明知故犯之列"，"速国家之亡而无所顾忌"。他认为，如果实施这种政策长期不变，那么不出十年，中华大地必然断送于清政府之手。因此，他大声疾呼："是可忍也，孰不可忍也！"号召国民起来将腐朽的清政府推翻，以挽救国家的衰败和民族的危亡。

此时，处于内忧外患之中的清政府，为了维系自己的统治，已决定从1901年起开始推行所谓"新政"。到1906年9月，面对国内愈演愈烈的革命潮流，清政府为了分化民族资产阶级，转移人民的斗争视线，进而决定效法西方和日本，实行预备立宪。1908年8月27日，《钦定宪法大纲》颁布，宣布为期9年的预备立宪，9年之后召开国会，实行宪政。11月，光绪皇帝和慈禧太后相继死去，年仅3岁的溥仪即位，由他的父亲载沣摄政。为了巩固清王朝摇摇欲坠的统治，同时拉拢立宪派，载沣于1909年3月专门下了一道重申实行"预备立宪"的谕旨，令各省切实奉行。一时间，仿佛大清帝国真的要革故鼎新、追赶世界新潮流了。载沣的举动，使立宪派又产生了幻想，热情重新燃起。从1909年3月至1910年9月，立宪派发起了三次大规模的立宪请愿运动，要求立宪的呼声在全国又高涨起来。迫于国内外的压力，1911年5月8日，清政府公布了后来被称作"皇族内阁"的成员名单，13名阁员中，汉人仅4名，满人9名，而其中皇族竟又占了7人。

清政府的立宪骗局至此已经真相大白于天下，全国人民莫不对清政府的欺骗行为大感失望。宋教仁于1911年7月9日在《民立报》发表了《希望立宪者失其望矣》一文，用一连串的质问表达了他对清政府欺骗人民的愤怒，告诫国人不要继续幻想下去，应当从大梦中醒来，看清清政府假立宪、真专制的本来面目。

针对《钦定宪法大纲》大半抄袭日本宪法的特点，宋教仁也提出了自己的看法。日本的立宪政体，在宋教仁看来实际上只能算是半立宪政体，因为日本自明治维新以来，立宪虽已有30多年，但依然没有改变少数人专制的传统政治模式，能左右国家重大事务的人，大都出身于藩阀和武士世家，日本政治的这一特点，使其只能成为一种复杂的武人政治，根本就不是什么立宪政治。清政府仿效日本的立宪政体，实为大谬，又时常"以己意增减之"，处处"作外行语"，终要为世人所不齿。

宋教仁还列举了大量事实质问清政府：宪法大纲规定其应为君民上下所共同遵守，但实际上君主是否严格遵守了呢？如大纲第十条规定司法权不得以诏令名义随时更改，而事实又是怎样的呢？第十六条规定臣民言论、著作、出版、集会、结社均准自由，如今又是怎样的呢？第十七条规定若逮捕、监禁、处罚臣民必须按照法律程序进行，但执行中又是怎样的呢？第十九条规定臣民之财产居住无故不受侵扰，现实又是怎么样呢？由此可见，这种宪法大纲，不过是清政府"装腔作势抵御人民之利刃"罢了。由此，宋教仁得出结论：立宪，决不是清政府的真正目的，他们所说的立宪是假立宪，不过是借立宪的名义继续实行专制而已，其所谓宪法大纲，不过是用来欺骗国民、装裱门面的，根本就不值得相信。

宋教仁还运用自己所学的西方政治法律学说，抨击清政府并没有把自己设立的资政院和内阁，看作是真正立宪国家的立法机关和责任政府，因此在对待资政院的权限和内阁的组织上，也完全没有按照宪政原则行事。清政府在设立资政院的上谕中，曾宣称其设置是"以立议会为基础"，但同时又颁布了《资政院章程》，规定：资政院奉旨饬议事件；不得参议宪法，只能参议预算、决算、税法、公债、新定法律及其修改事项等。对其议决案，政府可持异议，提交资政院复议。如仍持原案，则资政总裁与军机大臣或部院大臣同时分别具奏，请旨定夺。该《章程》还规定：资政院的议决案必须由总裁会同有关行政大臣具奏请旨，不能单独具奏。这样，资政院就没有一般议院所具有的独立立法权，名为议院基础，实际上却有名无实。

宋教仁对比了资政院与西方议会的不同，指出"其制略似国会"，实则不然："以法制言，议院为独立机关，而资政院不然；以效力言，议院议决之案，经君主裁可，大臣署名而实行，而资政院不然；以责任言，议院议决之案，对之负责任者为内阁，而资政院不然。"对此，宋教仁认为，资政院虽不必有立法机关之实，但其设置的初衷既然是"以立议会为基础"，其章程又规定资政院有议决国家每年预决算和税法公债、议决新定法典及嗣后修改和奏陈行政大臣侵权违法等权力，就应当认真遵行。但是清政府却并不决心真正实行之，反而不断侵夺资政院的权力，甚至连资政院章程的修改，竟然也"专委之于一二家奴"，不给普通国民丝毫的参与权，这是丝毫没有宪法精神的暴戾无道的违宪行为。

至于组织皇族内阁，宋教仁认为，这就更是与立宪的原则背道而驰了，而清政府却粉饰为"朝廷用人，审时度势，一秉大公"。对此厚颜无耻之举，宋教仁痛斥道："暂行内阁之组织，其不合乎立宪之原则，已不必论"，单凭这个昏庸、贪婪、残忍的皇族内阁，根本不能改变清政府面临的内忧外患的困境。如果清政府真能审时度势，就应当明白，今日天下形势的发展，根本不是那些高高在上的官员们用装点门面、欺人耳目的举动就能压制下来的。然而，清政府不明大势，不知羞耻，为维护一己之统治，拒绝任何真正的变革，其蛮横无理的行为，不是野蛮专制又是什么？人们如果还寄希望于清政府能够顺应民意，设立真正的责任政府，无异于缘木求鱼。因此，宋教仁希望包括立宪派人士在内的全体国民丢掉幻想，采取革命行动彻底推翻这个专制政府。

宋教仁对清政府假立宪的深刻批判，显示出他对资产阶级宪政具有深入研究的理论功底。也正因如此，他并未仅仅停留在对清政府假立宪虚伪性的批判上，而是把在中国实行真正的民主宪政作为最终目标，并在此基础上，明确提出立宪政体必然会替代君主专制政体，成为中国政治变革的主要途径。为了迎接这一重大变革，宋教仁首先确定了立宪政治的前提，这就是立宪政治要以代表国民公意为准则。他进而认为，政党政治最适用于这政治体制。但，是否组建了政党组织，就实现了政党政治或议会政治了呢？宋教仁提醒国人，政党组织最重要的一个特征就是政纲，政治纲领不善，则在政治界难以立足。

宋教仁之所以对宪政问题有着如此深入的见解，还源于他对资产阶级议会政治发源地——英国的议会政治的认识和推崇。1911年8月，他在《民立报》上发表的《英国之国会革命》一文，即是此种思想的全面展现。文中，他将实行分权政治的英国称作"世界宪政模范"，并透过对1911年8月英国国会通过限制上院否决权法案的分析，认为中国应当以英国的分权政治为榜样。他指出，英国宪法原是不成文的宪法，国家权力主要由国会掌握，作为国会组成要素的英国国王，原与由贵族组成的上院和选民代表组成的下院共同总揽统治权。在英国国会通过限制上院否决权法案后，下院的权限得以扩大，可自由决定财政和立法，并按照法律自主组织内阁，使政府与下院成为一体。这样，国会的权力必将操之于下院，由民选议员组成的下院掌握国家权力后，国王的权力也就变为有名无实的虚权。这就是宋教仁眼中的"民主国体"，他还把英国当作君主立宪的"母国"，认为这是未来世界政治的发展趋势，并以此来设计中国未来的议会政治模式。

在清政府预备立宪的形势之下，各立宪派为了促成立宪的早日实现，并扩充自己的势力，纷纷成立立宪团体。1906年12月，张謇和汤寿潜联络部分官绅和商学界代表，在上海成立了预备立宪公会。随后，汤化龙在湖北成立宪政筹备会，杨度、谭延闿在湖南成立宪政公会，因维新变法失败而流亡海外的康有为也联合众多保皇党成立了国民宪政会。1911年，部分立宪派人士在国会请愿同志会和谘议局联合会的基础上成立了宪友会，以组成全国性的政党，由钦选议员和官员所领导的宪政实进会也于同期成立。

对于国内立宪派风起云涌的"组党"运动，宋教仁始终保持着冷静和怀疑的态度。在仔细研究了当时兴起的立宪团体的政纲后，他于1911年6月23日至7月15日在《民立报》上连续发表时评《近日各政党之政纲评》，指出：近年来朝野上下，有感于世界大势而奋发兴起，竞相以立宪为标榜，那些热衷于功名的政客们，也企图通过对西方法政知识的研究，来谋取一官半职。当人们得知欲立宪必以政党为基础之后，便奔走相告，若狂若醉地致力于政党运动，以此作为挽救国家命运的唯一手段。此举最终效果如何，暂且不论，但既然开展政党运动，则必然要有建立政党的各个组成要素，这一点已为政党理论和世界各个立宪国家的历史所证明。

但是，通过对当时成立的众多所谓政党的详细观察，宋教仁感到"大失望于中国政治之前途，而深悲国民政治能力之薄弱"。究其原因，这些政党不仅举措不合民意，没有政党应有的态度和立场，而且所发表的政纲往往前后矛盾、错误百出，字里行间无不透露出对政党政治的肤浅了解。而在宋教仁看来，政党制定政治纲领，至少必须体现两条原则：一是其方法必须是积极的而不是消极的；二是其事项必须是未来要实现的而不是现在已经达成的。而当时比较大的几个政党，例如宪友会和宪政实进会，其政纲均不符合此二条原则。具体言之，宪友会的政纲主要趋重于国民和宪友会自身，没有考虑到政党与国家的关系，且趋重于学习研究，而没有考虑到具体实行，这是其缺陷所在。至于宪政实进会的政纲，宋教仁认为它"大抵尚不知政治法律为何物"，其条款虽比宪友会全面，但不过是一些社会上流行的通俗法政名词的简单堆砌，起草政纲之人的笔法也过分执着于咬文嚼字，条款的文句似通非通，最后成为"数联非驴非马之八股四六文"，并且把具体的方针、政策搞得支离破碎，贻笑大方，"真可谓无批评之价值者矣"。

1911年，清政府为换取帝国主义的支持以镇压风起云涌的革命，宣布把各省已归商办的铁路收归国有，随即又和英、法、德、美四国银行团订立了粤汉、川汉铁路借款筑路的合同，借"国有"的名义把修筑铁路的权益出卖给帝国主义。与此同时，清政府任命端方为督办粤汉、川汉铁路大臣，派其南下强行接收湖北、湖南、广东、四川等省的商办铁路公司。上述举动，激起了全国人民的坚决反对，引发了各地保路运动的风潮。宋教仁也以《民立报》为阵地，用犀利的笔锋，加入反清斗争的行列。

6月5—6日和10—11日，宋教仁在《民立报》连续发表《论近日政府之倒行逆施》的时评，指出铁路是一个国家最重要的交通枢纽，对社会的政治、经济和文化发展关系重大、影响深远。国家要想发展，就必须根据政治、经济等社会状况来制定相应的铁路政策。清政府却假借巩固边防，以主要铁路干线应归为"国有"的名义，将粤汉、川汉两条铁路强制收回，并且向英、法、德、美4国借款6000万元，作为筑路资金。清政府如此举措，虽有效仿德、日铁路国有政策的意图，但却无视中国国情，更不顾在修筑铁路问题上民间已有投资的情况，将民众的应得权益掠为己有。清政府这样倒行逆施的结果，只能阻碍民族企业的正常发展，为西方列强进一步控制中国经济提供便利，从而使民族资本主义陷入绝境。

宋教仁指出，我国的铁路事业正处于起步阶段，政府对民有民营铁路尤其要加以鼓励和保护。粤汉、川汉铁路早已成为清政府特许的民有民营铁路，即使出于它事关国家交通枢纽的缘故，要对铁路干线的修筑和营运进行国家干预，也应该有明确的法律条文，规定修筑的期限，制定经营的法则。而清政府借铁路干线收归国有的"政策"之名，侵占人民的既得权益，与杀人越货者有何不同？

宋教仁还联系历史，沉痛地说：中国自甲午战败以来，列强无不以铁路借款为侵略的先驱，东清、南满、腾越、胶济、新奉、吉长等铁路的修筑权，都已经被列强侵占，如今，英、法、德、美4国欲借铁路借款而实现经济侵略，以攫取更多的特权，其中包藏的祸心更加险恶，必定数倍于以往。而清政府靠向四国借巨款来修筑铁路，不仅会使4国侵略势力进一步横行于中华大地，而且中国经济的未来发展命脉也必将握于列强的股掌之中。他预言，将来除了湖北、湖南两省的路权全部落入列强之手外，就是中央财政也要受其干涉，为其掣肘。届时，不仅湖北、湖南两省将步满洲的后尘，而且整个国家都会濒临亡国的边缘。因此，宋教仁把清政府不惜牺牲国家利益和民众权益，拱手将铁路让与西方列强的不耻之举，怒斥为"狼心狗肺"的行为。

清政府在借款筑路问题上的卖国政策，导致湖南、湖北、广东、四川4省发生了要求收回路权的保路风潮。其中，四川省因清政府的铁路"国有"政策导致的损失最大，保路运动最为激烈，群众基础最为广泛。在广大群众的强烈要求之下，四川保路同志会决定罢市、罢课。几天之内，全省大部分地区的府县乡镇，商家店铺一律关门闭户，以示抗议。

宋教仁对南方各省发生的保路风潮极为关注，发表了多篇文章进行声援。9月14日、21日，宋教仁在《民立报》上连续发表《论川人争路事》的时评，认为四川人民的保路运动"意志之强固，毅力之宏大，迥非湘、鄂、粤人所能及"。同时他也指出，南方各省的保路风潮存在两个缺陷：一是只知消极请愿，不知积极斗争；二是南方各省没有同时响应，一致行动。如果南方各省人民能够团结一致，朝着更高的目标进行斗争，则保路运动就可以变消极为积极，如此，可以进而将"数千年充塞东亚天地之专制恶毒"一扫而尽，实现真正的民权政治。这就等于为单纯以维护经济利益为斗争目标的保路运动，指明了革命的斗争方向。

对于商界人士为保护路权而进行的罢市斗争，宋教仁也表达了独特的看法。9月30日，他在《民立报》发表《罢市果为善法乎》一文，从经济学的角度指出，罢市会对农业、工业、商业产生不利影响，普通国民日常的生产生活会受到直接冲击，这是一种"困人民之法"。真正要在与清政府的抗争中取得最后胜利，必须只困政府而不困人民，才能够取得预期效果。而只困政府的方法，便是进行抗税斗争。因此，宋教仁将不纳租税的抗争，称为"第一武器"。

同月，宋教仁还在《民立报》上发表了《葡国改革之大成功》一文，号召人民效法1910年10月的葡萄牙革命，结束君主专制政体，建立共和国。宋教仁在文中对葡萄牙革命充满羡慕和向往，认为中国"欲谋革命之成功者，当以葡国为师表焉"。他还从葡萄牙革命中得到启发："一，革命不得外国之承认，则其目的不得完成；二，革命进行时，不可不预计对外关系，而出以使外国乐以承认之手段；三，革命成功后，不必虑及对外关系之苦难而恐其不承认。"他表示，既然革命目的在于对一国政治从根本上进行改弦更张，就不得不采用暴力手段，破坏旧秩序，以建设新社会。从此三方面启发中，宋教仁进一步提出了中国革命成功三原则：一则为"革命之时宜神速而短（不可久事战事）"；二则为"革命之地宜集中而狭（宜于中央）"；三则为"革命之力宜借政府之所恃者（利用政府军队），使为己用，而收事半功倍之效"。值得注意的是，《葡国改革之大成功》一文发表的时间为1911年9月25日，此时正值武昌起义爆发前夜，宋教仁在文中提出的一番设想，不久就将变为现实。

10月10日，辛亥革命的枪声终于在武昌城头打响。宋教仁在《民立报》上加紧宣传革命，于15日发表了《湖北形势地理说》一文，指出武昌在历史上的战略地位及其在革命发展中的重要作用。在准备动身前往武汉的同时，他还密切关注着国内形势的发展。武昌起义的消息传到上海后，市面曾一度发生恐慌，金融界的波动更大，许多市民和商人持钞票挤兑银钱。宋教仁于10月17日在《民立报》发表《上海市面无意识之恐慌》一文，指出革命党与过去乱党的区别就在于，革命党的目标是推翻腐朽的清政府，拯救人民于水火，断不至有骚扰之事发生。他还以武汉三镇为例，指出三镇商民已在革命党建立的新政权管理下安居营业，未受任何伤害，因此上海商民也不必产生恐慌心理。《民立报》通过大量文章，宣传了革命党的主张，使民心渐渐稳定下来。

由上可见，在辛亥革命期间，宋教仁及其主笔的《民立报》倡言革命之功，永载史册，不可磨灭。

第四章
跻身革命中心

共同创立同盟会

领导留学生斗争

提出革命新思维

筹划武昌首义

一、共同创立同盟会

宋教仁 1904 年 12 月抵达东京时,日俄战争的形势已渐趋明朗。1905 年 1 月 1 日,俄国驻旅顺要塞司令司徒塞尔投降,日军占领旅顺。随着俄军的失利,日俄战争出现了媾和的可能。此时,传言以法国为主的中立国,企图利用日俄战争之机,对中国提出领土要求。德国皇帝为阻止此项阴谋,向美国问计。美国国务卿海约翰于是向各国发出通牒,重申门户开放、利益均沾政策,声明在日俄交涉时,任何中立国不得提出牺牲中国领土的任何要求。美国的这一态度,得到奥地利、比利时、法国、德国、英国、意大利、葡萄牙等国的赞同。中国表面上躲过了又一次领土危机,但列强共同侵略中国的局势更为险峻。

消息传到日本后,留日学生群情激奋,革命形势有所转机。但令人遗憾的是,此时革命党人却未能因势利导,将这股力量组织起来。与 1903 年相比,此时的留日学生运动处于沉闷、停滞的状态,给革命的发展带来许多不利影响,最突出的便是无法有力抵御保皇派、立宪派对留学生的争夺。

当时,立宪运动刚萌芽不久,在留学生中有很大市场。许多人初到日本时,积极倡言革命,等到快毕业时,却转而极力主张保皇或立宪。在这种形势下,华兴会也不无例外地受到冲击,徐佛苏、薛大可等人日渐向立宪派靠拢,章士钊则表示不愿再从事革命工作,就连一向激进的陈天华也因"忧伤过甚,忽发奇想",于 1905 年春在东京留学生会馆散发《要求救亡意见书》,主张用全体留学生名义,向清政府请愿,实行立宪政治,并且声言打算亲自回北京去,向清政府陈述维新救亡的意见。对此,革命党人冯自由后来在《革命逸史》中推测:陈天华如此反常之举,大概是有感于革命党人庚子(1900 年)惠州起义和马福益哥老会甲辰(1904 年)

起事的失败，打算另谋途径，"潜布党人势力于政界，期有所活动也"。

然而，宋教仁对陈天华的主张却不以为然。1905年1月28日，他到山本馆刘揆一处，和黄兴等人会商如何应对陈天华之举。宋教仁指出，主张革命的陈天华走上康有为、梁启超维新的道路，对于革命阵容的心理影响相当负面，必须设法制止。征得黄兴同意后，他准备在29日的湘西学会、30日的湖南同乡会上宣布"列强要是真要瓜分中国，各省就宣告独立自治"的提案，反对陈天华的"要求清廷立宪"的主张，必要时对陈实行"干涉主义"。结果，与会者作出决议，都不赞成要求政府立宪，而主张各省独立自治。但陈天华执意要去北京向朝廷上书。于是，宋教仁与黄兴相约，力劝陈天华放弃北京之行。

2月1日，宋教仁、黄兴来到陈天华居住的东京小石川区久坚町东新泽社，苦口婆心地进行劝说。陈天华表示，自己并没有放弃革命理想，只是比较注重政治改革，少计民族仇恨罢了；"排满"不应是民族复仇，而应从政治上考虑问题；恨只恨满清政府不尽早实行变法，假使清廷在10年间，能够练出常备军50万，增加海军军舰20万吨，修建铁路10万里，列强就不至于瓜分我国了。宋教仁反驳道：我们"排满"不过自最近几年才开始，而清人压迫我们，两百年如一日。我们以忠言劝说他们，他们却以刑戮残杀来对付我们。我们怎能希望他们消释嫌疑，共同起来挽救国家呢？因此，要使中国不亡，就只有革命。你现在的主张，就是改变了革命的宗旨，可以说是中了保皇党人的毒，竟然会相信那些以"主子"自居的清人，一厢情愿地认为这些人会听从他们视之为"奴才"的人提出的建议而实行立宪和维新。假使他们能够这样做，那倒也不失为一种救亡的办法。可是，清人会信任你吗？清廷不会监视你、调查你吗？万一发现你曾写过那样激烈倡导革命的书刊，那你只能像邹容一样，被送进虎口，恐怕还有生命危险！我们不是不相信你的牺牲精神，但牺牲要有价值，要有意义。

你能写文章,更不可轻言牺牲,应该留下宝贵的生命,多写一些宣传革命的文章才是。

经过宋教仁和黄兴的耐心劝说,陈天华终于收回"要求清廷立宪"之说。实际上,陈天华打算赴京陈情,是受了梁启超的影响。戊戌政变后,梁启超逃往日本,在横滨创办《清议报》,宣传改良,鼓吹保皇。1902年又创办《新民丛报》,坚持保皇立宪。他还通过其弟子、原华兴会会员徐佛苏,对陈天华多方游说。陈忧时救国心切,才有了要求清廷立宪的想法。陈天华思想上的徘徊动摇,在当时留学生中具有一定的代表性。

日俄战争后,中国在日本的留学生人数猛增,约达2万有余,并且逐渐形成一种政治力量。此时,整个中国的革命形势正发展到一个极为关键的时刻。由于清政府的腐朽反动,国内社会矛盾进一步激化,广大人民的斗争反抗不断高涨,资产阶级民主革命思潮随之广泛传播,各地反清革命小团体纷纷出现。客观形势的发展,迫切需要把各地分散的力量联合起来,建立一个全国性的统一的革命组织,来领导这场大规模的反清革命。当时,国内各地的反清首领多流亡日本避难,但由于各派势均力敌,也无人牵头,未能联合起来,集中力量组成一个大的反清团体。很多有识之士都为之感到深深遗憾。

要革命,就需要联合。只有联合,才能保证革命行动的步调一致,实现推翻清政府的目的。而要联合,必须首先打破数千年农业社会传统造成的省界地域观念。即使在年轻的留学生中,门户、乡情之见也非常顽固,成为革命大联合的主要障碍。以1903年的拒俄运动为契机,留日学生界疾呼打破省界之声日渐强烈,民族观念开始深入人心。如《浙江潮》杂志第3期刊出《寓江西陈君致浙江同乡会书》及社论《非省界》,要求各省留日学生须破除省界,取各省同乡会之精华建"中国本部统一会"。《江苏》杂志第10期也发表《江苏同乡会创始记事》,指出:要合小群为大群,如果"各省竞以爱其省者爱中国，驯致齐心一致，以集注于爱国一点"，中国问题就容易解决。陈天华在《猛回头》中，更公开主张"大家合作一个大党"。邹容也在上海发起组织"中国学生同盟会"。常熟教育会为了与上海的中国教育会取得联系，定名为"中国教育同盟分会"。这些举措，成为突破省界地域之见、组织全国性革命组织的舆论先声。

此时，黄兴、宋教仁、刘揆一等华兴会领导人，也在实践中逐渐认识到，分散活动的各革命团体已经不能适应形势发展的需要，难以形成与清政府相强衡的强大力量，必须建立一个新的、能团结各方面力量的革命组织。起初，他们"意欲设立会党，以为革命之中坚"，于是加紧在留学生中进行联络。

1904年底，黄兴、宋教仁与来自湖南、云南、江苏、河南、直隶等地的留日学生百余人联合成立了秘密组织——革命同志会。后来宋教仁等人在与兴中会党人接触的过程中，逐渐不再满足于在留学生中组织囿于地域观念的小团体。他们先是筹划在华兴会的基础上组织"大湖南北同盟会"，进而于翌年6月创办《二十世纪之支那》杂志，呼吁打破省区界限，实现广泛的联合，号召留学生为"树二十世纪新支那之旗于支那"而团结奋斗。

所有这些活动，均发生于孙中山抵达日本之前。黄兴、宋教仁等人勇于破除地域观念，朝着革命大联合的正确方向前进了一大步。但是，华兴会仍然缺乏明确而完备的革命纲领，以及在全国各派革命势力中具有广泛号召力的领袖。

在此情况下，在国内革命党人和海外爱国华侨中享有极高威望的孙中山来到日本后，自然成为众望所归的联合各方面革命力量的中心人物。还是在孙中山抵达日本之前，其知交好友宫崎寅藏就将孙的革命经历向宋教仁作了介绍，称孙中山为人"志趣清洁，心地光明，现今东西洋殆无其人焉"，给宋教仁留下了深刻的印象。

流亡海外的孙中山一直在为建立全国性的革命组织而努力。1905年6月11日，他结束了为时一年半的美欧之行，自法国马赛登船东返，于7月19日抵达横滨。行前，他曾将归讯告诉了在日的冯自由等人。当孙中山在横滨上岸时，受到兴中会员、广东同乡及宋教仁等百余名留学生代表的热烈欢迎。

7月下旬，孙中山来到东京后，很快就在宫崎寅藏的介绍下，与黄兴在中餐馆凤乐园初次会见。在这次会见中，孙、黄二人就兴中会与华兴会联合，共同组建全国性革命政党进行了卓有成效的协商。宋教仁在他的日记中记载了这件事，说孙中山"欲联络湖南团体中人"，而黄兴应允之。孙、黄二人的这次会见，对促成兴中会与华兴会的联合，具有重大意义。正如民国初年的一家报纸所指出的："考吾国革命由来已久，志士之亡命海外者，不可胜数。惟漂泊无定，势力微弱。直至孙文、黄兴二友相见于东京之后，革命事业方见发展，收联络之功有一泻千里之势。今日之成，当时运动之力居多也。"

7月28日，孙中山通过协助宋教仁创办《二十世纪之支那》并任编辑长的程家柽的联系，陪同宫崎寅藏亲往《二十世纪之支那》杂志社，与宋教仁、陈天华晤谈。谈话中，孙中山始终强调联络各省人才组织全国性革命组织的重要性。他说："此一省欲起事，彼一省亦欲起事，不相联络，各自号召，终必成秦末二十余国之争，元末朱、陈、张、明之乱，此时各国乘而干涉之，则中国必亡无疑矣。"因此，当前应"以相互联络为要"。"若现在有数百人者出而联络之，主张之，一切破坏之前之建设，破坏之后之建设，种种方面，件件事情，皆有人以任之，一旦发难，立文明之政府，天下事以此定矣。"会后，孙中山还约宋教仁等来日到赤坂区桧町三番黑龙会会所继续会谈。

翌日，黄兴邀集宋教仁、陈天华等华兴会的骨干分子十数人在自己的寓所开会，商议与兴中会联合的问题。这是华兴会的一次内部会议，目的是在与兴中会联合的问题上统一思想认识。会上出现了意见分歧，陈天华主张在组织上与兴中会联合；黄兴则主张形式上加入兴中会，而精神上仍保持华兴会的独立；刘揆一主张不加入兴中会；宋教仁则认为应当研究一下将来入会与不入会究竟有何不同；其他人"亦各有所说，终莫能定谁是"，于是以"个人自由一言了结而罢"。这次华兴会内部商讨的结果，虽然在两会联合的方式问题上没有把认识统一起来，但对与孙中山的兴中会联合的问题，华兴会在东京的会员大多数都是同意的。华兴会作为当时留日学生中人数最多的革命团体，他们同意与孙中山联合，这就为同盟会的成立铺平了道路。

7月30日，宋教仁前往东京赤坂区桧町三番黑龙会会所，参加孙中山召开的同盟会组织筹备大会。与会者还有黄兴、陈天华、程家柽、张继、冯自由、胡毅生、吴春阳、田桐、朱少穆、马君武、时功玖、何天炯、康宝忠、刘道一、朱执信等70余人。其中，与孙中山属旧相识者，只有程家柽、马君武、张继、黎勇锡、胡毅生、朱少穆、冯自由、宫崎寅藏、内田良平、末永节等10人，其余大多属于华兴会成员，或是与他们联系密切的长江流域各省的留学生。大家公推孙中山为会议主席。孙中山在演讲中分析了革命的发生原因、发展形势和实行方法，提议将全国各地分散的革命力量组织成一个新的团体，协力从事反清革命。这一提议，获得大家的一致赞成。会议商定将新团体定名为"中国同盟会"，决定以"驱除鞑虏，恢复中华，创立民国，平均地权"为宗旨。接着，黄兴提议"请赞成者立盟约"。孙中山当即起草盟书，内容如下：

联盟人 ××省××府××县×××
　　当天发誓：驱除鞑虏，恢复中华，创立民国，平均地权。矢信矢忠，有始有卒，如或渝此，任众处罚。

  天运乙巳年七月　日

     中国同盟会会员　×××

       主盟人　×××

       介绍人　×××

  宋教仁等与会者纷纷签名加入盟约，然后再进入另一房间内，由孙中山带领大家同举右手向天宣誓，并告之以各种暗号和秘密口号。宣誓完毕，大家又推举黄兴、宋教仁、马君武、程家柽、汪精卫等8人为同盟会会章起草人，拟于下次大会召开时提出。

  同盟会筹备会议之后，为了扩大孙中山在东京中国留学生中的影响，黄兴、宋教仁等华兴会骨干决定于8月13日召开留日学生欢迎孙中山大会。当时正值暑假期间，许多留学生或他游或回国。在这种情况下，到会者竟达1300余人。会场挤满了人，伫立街边仰望楼上的，也有六七百人之多。据说，东京自有留学生以来，开会人数从未有如此之多，可谓盛况空前，气氛热烈。

  欢迎大会由黄兴主持，宋教仁致欢迎词："孙逸仙先生提倡'三民主义'、'五权分立'，欲求中国的自由平等，想促进世界大同，不止是我中华民族的英雄，也是世界上最伟大的人物。孙先生由亚洲而美洲而欧洲，所到地方，旅外的华侨与学生都开会欢迎，公请孙先生演说，各国政党也都倒屐欢迎孙先生。孙先生既得听到各国大政治家的党论，益以历年游历参观，学识非常丰富。今天，在这里我们能听到孙先生的演说，实在是我们的荣幸。"

  随后，孙中山发表了令人鼓舞的演说。他以饱满的热情和雄伟的气魄，向留学生们展示了中国的光明前途，号召用革命的方法，建立共和国，改变积弱的局势，跃居世界先进国家之林。他说："现在中国要由我们四万万国民兴起,今天我们是最先兴起一日,从今后要用尽我们的力量,提到这件改革的事情来,我们放下精神说中国兴,中国断断乎没有不兴的道理。"他呼吁人们在改造中国时抛弃不合于国情的君主立宪制,而"择地球上最文明的政治法律来救我的中国",把中国建成一个20世纪头等的共和国。孙中山的演说铿锵有力,打动了场内外所有希望挽救祖国命运的青年学子的心弦。陈天华对这次大会的盛况作了详细记录,以《纪东京留学生欢迎孙君逸仙事》为题,刊登在稍后创刊的《民报》上。

这次集会,"到会之学生中官费生甚众,以孙之演说,多有归宗革命者;甚至以投革命,往监督处辞退官费者。而监督亦知大势无可如何,谓辞官费者曰:苟君等不明言革命,余亦作不知,可毋庸辞退。故当时有官费革命之称。"由此可见,宋教仁等人发起的欢迎大会,不仅宣传了革命领袖孙中山,而且为即将正式成立的同盟会作了积极的舆论准备,在全体留日学生中赢得了更多的支持者和同情者。

经过紧张的筹备,8月20日,由兴中会、华兴会、光复会及其他革命志士联合组成的中国同盟会在东京举行正式成立大会,到会者约100人。黄兴首先宣读《同盟会章程》草案,经大会修改后通过。主要内容有:

(1)本会定名为中国同盟会,设本部于东京,设支部于各地,支部下设分会。

(2)本会以驱除鞑虏,恢复中华,创立民国,平均地权为宗旨。

(3)凡愿入本会者,须遵守本会章程,立盟书,缴入会捐一元。

(4)本会设总理一人,由全体会员投票公举。

(5)总理之下设立执行、评议、司法3部。执行部分设庶务、内务、外务、书记、会计、调查6科;评议部设评议员和评议长;司法部设部长、判事、检事。

(6)本会支部,于国内分5部,国外分4部,皆直接受本部之统辖。

（7）本部当地之会员，得按省设立分会，公举会长，但须受本部之统辖。

（8）凡会员皆有选举权和被选举权。

会议还选举了同盟会的主要干部。孙中山被一致推选为总理，黄兴被推为执行部庶务，宋教仁被推为司法部检事。黄兴还在会上主动提议，将宋教仁主办的《二十世纪之支那》杂志移交给同盟会作为机关报，也获大会通过。不久，该杂志社改组为民报社，出版《民报》。民报社是当时同盟会唯一的公开机关，不仅担负宣传革命宗旨的任务，还经常成为东京同盟会干部集会议事的地点。宋教仁亦被誉为"在当时实是国父的左右手，党中有名的健将。"

同盟会的领导机构是按照资产阶级民主制度建立的，它采取了立法、司法、行政三权分立的原则。时人田桐在《同盟会成立记》一文中说得清楚：同盟会本部机构，分执行、评议、司法三部，这是模仿西方的行政、立法、司法三权分立制。但"当时以秘密结社，最忌手续繁复，稽延时日，司法、评议二部，尤难实行"，于是"同人提议开三部联合会。遇有重要之事，将三部人员结合，一次议决实行"。"开会时总理在部，则总理主席，总理离部，庶务主席。""自此制行后，司法、评议二部未尝独立行使职权矣。"

同盟会是一个由各派政治力量组成的松散政治联盟，而不是一个有着严格纪律约束的单一政党。虽然成立时规定内部实行三权分立的管理制度，但由于同盟会处于非公开活动状态，这种管理制度未见任何成效。孙中山作为总理，也不太重视这项管理制度，而且当选后不数日即离开日本，总理职务一直由庶务部主任代行。

同盟会的成立，毕竟宣告了中国历史上第一个资产阶级革命政党的诞生，标志着中国资产阶级领导的旧民主主义革命进入了一个新的阶段。孙中山曾高兴地说："乙巳（1905年）之秋，集合全国之英俊而成立革命同盟会于东京之日，吾始信革命大业可及身而成矣，于是乃敢定中华民国之名称，而公布于党员，使之各回本省，鼓吹革命主义，而传布中华革命之思想焉。不期年而加盟逾万人，支部则亦先后成立于各省，从此革命风潮一日千丈，其进步之速，有出人意表者矣。""自革命同盟会成立之后，予之希望则为之开一新纪元。"

二、领导留学生斗争

同盟会成立之初，中国留学生加入者不过400多人，其余多数仍隶属于各省同乡会。争取同乡会并利用其为同盟会扩大影响，于是便成为同盟会成立后的一项重要任务。

1905年9月10日，湖南西路同乡会选举宋教仁为各省同乡会总机关中国总会馆的评议员，使他具有了领导留日学生活动的公开身份。但还未来得及开展工作，留日学生中就爆发了反对日本强占我国东北的运动，宋教仁就全身心地投入这场斗争的领导中去。

这一年，日俄战争以俄国的战败宣告结束。9月5日，俄国在朴次茅斯同日本签订了和约。《朴次茅斯和约》规定：俄国除承认朝鲜为日本保护国、割让库页岛南部及其附近一切岛屿外，还要把旅顺口、大连湾并其附近领土领水之租借权以及有关的其他特权移让与日本政府，并将由长春（宽城子）至旅顺口之铁路及一切支线以及附属之一切权利、财产和煤矿转让与日本政府。但这些涉及中国主权的重要条款，须得清朝政府的认可，方能有效。为达到目的，10月，日本召开内阁会议，协商对华交涉东三省事宜，决定派小村寿太郎为全权代表来华磋商，除压迫清政府承认俄国让与日本的各项权利外，另要求经营满洲的安奉铁路，在沈阳、安东、营口等地设日本租界。

消息一经传出，引起留日学生的极大悲愤。他们奔走呼号，唤醒国人注意，并纷纷电告清政府"勿受日人要挟"，故而引起日本政府的疑忌，阴谋策划压制中国留日学生的活动。恰在此时，日本专以牟利为目的，广收中国学生，甚至贩卖文凭的"学店"林立，无人管束，教育制度因此呈现混乱状况，受到各界严厉的指责。清政府鉴于留日学生的举动，虽也曾制定种种章程严加管束，但效果甚微。于是日本政府便以整顿这些学校为借口，于11月2日颁布《清国留学生取缔规则》，明令自1906年1月1日起实施。这个"取缔规则"共15条，其中直接关系到中国留学生的主要有：

第一条　公立及私立学校，将许可清国人入学之时，于其入学愿书，必令附加一在本邦清国公馆之绍介书。

第四条　公立及私立学校，将许可清国学生转学退学之时，于其愿书，必令附加一本邦清国公馆之承认书。

第九条　受选定之公私立学校，其令清国人宿泊之寄宿舍及属于学校监督之旅馆，要为校外之取缔。

第十条　受选定之公私立学校，遇有清国人曾在他学校以性行不良之故被命退学者，不得复令入学。

11月26日，接受中国留学生的日本学校分别张贴布告，限中国留学生在3日之内将原籍及现住地址、年龄、学籍经历等一律具报，逾期若发生不幸事件，自行负责。布告一出，中国留日学生顿时大哗，纷纷集会讨论或发表演说，情绪由"闷损而激昂"，3日之内日本各地8000多名中国留学生一致罢课，从而引发一场社会风潮。

对于日本颁布"取缔规则"的目的，学者黄福庆曾一针见血地指出："'取缔规则'寓意于取缔留学生的政治活动，以其颁布的时间加以推论，可得一点端倪。1905年8月,同盟会在东京成立,发行《民报》,公开鼓吹革命,与《新民丛报》展开激烈论战,革命的风潮一日千里,革命事业大有可为之际,日本文部省却于11月2日颁布了'取缔规则',其别有目的,从文部次官木场所作'留学生之中,属于革命派者甚多,他们经此次省令,蒙受一大打击,殆无疑问'的谈话中,不难窥见。"

此次风潮爆发突然,由于缺乏统一领导,留学生界一时处于无政府状态。同盟会本可借此机会发展革命势力,但孙中山、黄兴都不在东京。在此情况下,宋教仁挺身而出,与胡瑛、宁调元、杨卓霖等发起组织中国学生联合会,胡瑛任会长,宋教仁任外交长。联合会成立后,立即发布自治规则,除相告不许上课以外,还要求大家不许入饮食店、公园、劝工场等公共场所,以免发生意外事端,同时设立纠察员若干,分布于各区纠察违犯规则的人。颁布自治规则后,留学生"整齐严肃,绝无一毫暴乱现象",即使是日本人"亦为之起敬"。

起初,中国学生联合会与日本政府的交涉并不顺利。日本政府对中国留学生的要求全然置之不理。日本各报更是对中国留学生不遗余力地冷嘲热讽,诬之为乌合之众。《朝日新闻》等报则直接骂中国留学生"放纵卑劣",极为轻视。而留日学生也人数过多,难免鱼龙混杂,出现"不自整饬其行为者",授日本人以口实。陈天华既愤于日本报纸的嘲讽诋毁,又痛心于留日学生中少数品行不检之人,更为了抗议日本政府无理取缔中国留日学生的决定,乃于12月8日晨在东京大森海湾投海自尽,年仅30岁。他在《绝命书》中告诫大家:"今日之中国,主权失矣,利权去矣,无在而不是悲观。""其有一线希望者,则在于近来中国留学生日多,风气渐开,使由是而日进不已",为使同胞时刻铭记"坚忍奉公,力学爱国"而不忘之,"故以身投东海,为诸君之纪念"。陈天华之死,在中国留日学生中引起了极大的震动。当留日学生为他举行追悼会时,个个悲恨填胸,要求各学校留学生全体罢课。宋教仁也以"斋"为笔名，为陈天华的《绝命书》作跋，痛悼这位革命志士的死去。

然而，此事日期稍久，留日学生中便又出现了分歧。作为改良派的梁启超等人，乘机在《新民丛报》上发表《记东京学界公愤事件并述余之意见》，煽惑留日学生放弃斗争。学生中如胡汉民、汪精卫等人，竟也持与梁启超相同的观点，主张讲求策略，反对过激手段，并于12月24日成立维新留学界同志会，与主张退学回国的学生展开激烈辩论，指出"退学归国为下策"，"若一哄归国无异于根本之动摇，使仇者快意"。对于"相率归国即行革命"之说，他们更是认为"尤属幼稚之见"。但多数留学生仍集中在宋教仁等人周围，坚持斗争。

日本舆论界见中国留学生态度之激烈，自治之严整，回国人数之多，态度也开始发生转变，开始赞誉中国留学生"团结坚固"，并批评政府，劝其取消该项"取缔规则"。日本政友会首领犬养毅、长冈氏等人也出面调停。日本政府迫于各方压力，撤销了《清国留学生取缔规则》。在斗争取得初步胜利的情况下，宋教仁及时地宣布解散联合会，认为："此次风潮前因可主张力争，但现已无可如何，于情于理于势，皆不可持久。"1906年1月15日，留日学生复课，风潮平息。

宋教仁在这次留学生抗争运动中，表现了出色的组织才能。他始终把握主动，擒纵得宜，运筹帷幄，使几次濒临破裂之局面恢复圆满，不但取得了斗争的胜利，还扩大了革命组织的影响。故此，时人赞誉宋教仁"非徒有破坏力且有建设力"。

斗争虽然取得胜利，但宋教仁、韩汝庚、吕復、胡瑛、田桐等19人却被满清驻日公使杨枢列入风潮首要滋事者名单之列，奏请清政府从留学生界革退。是时，留学生界兴起"革命破坏前之建设，破坏后之建设，均需要高深学养人才"的口号，宋教仁深表赞许。他认为，干革命需要敢死敢做之人，而革命后的建设需要的却是饱学才智之士。于是，他改名为宋鍊，于1906年2月1日进入早稻田大学留学生部预科学习，系统研习法政理论，这为他后来致力追求议会政治奠定了理论基础。

在早稻田大学学习期间，宋教仁非常留意研究各国政治法律制度，深入学习西方资产阶级政治学说，广泛涉猎各类书籍，学识水平提高很快。加之他思想敏锐，文笔流畅，又主修法政课目，对西方政治法律制度有一定的研究，因此，当清廷五大臣出洋考察到达东京后，随员杨守仁就把欧美各国政治制度要览委托给他翻译。在此期间，宋教仁先后翻译了《日本宪法》《露（俄）国之革命》《英国制度要览》《各国警察制度》《澳（奥）地利匈牙利制度要览》《美国制度要览》《澳（奥）匈国财政制度》《德国官制》以及《普鲁士王国官制》等众多政治制度著作。对西方政治法律制度和资产阶级政治学说的深入研习，使宋教仁进一步开阔了眼界。此后，他的注意力已经不仅仅局限于反满，而是开始致力于用资产阶级民主政治来取代封建专制政治的革命活动了。

三、提出革命新思维

同盟会成立后，宋教仁一直在孙中山的领导下努力工作。1907年1月，黄兴决定去内地策划钦、廉起义。孙中山找宋教仁谈话，要他接替黄兴代理同盟会庶务干事的工作，黄兴也到民报社找宋教仁，告之"明日往河内去，将有起义之举，此间庶务干事，欲交余代理"。宋教仁此时正在养病，但考虑事关重大，还是爽快地接受了。1月5日，宋教仁搬至黄兴寓所，担负起庶务干事的职责。在代理此职的两个月中，他差不多每日或隔天到孙中山寓所，协助孙中山主持同盟会的日常工作，为同盟会的发展作出了贡献。

在此前后，宋教仁还非常关注国内的革命斗争。但与孙中山、黄兴经营南方的主张不同，他另辟蹊径，对经营东北非常关注。早在1905年6月《二十世纪之支那》创刊时，宋教仁就曾撰写了《二十世纪之梁山泊》一文，赞扬和支持东北绿林武装"马贼"进行抗俄反清的斗争。为了与"马贼"这一轻蔑性的旧称相区别，他将其称之为"马侠"。1906年9月，黄兴自广西、南洋、香港等地活动后回到东京，宋教仁担心他"冒险心、激进心太甚"，"将来恐有孤注之势"，特别提出了经营东北的设想。1907年2月，日本人末永节、古河（古川清）前来拜访，宋教仁详细地介绍了"马侠"的有关情况，认为如能约得"马侠"共同起事，则更易于摇撼清政府的根基。2月24日夜，黄兴邀宋教仁、末永节、古河等人在凤乐园聚餐，详细商谈由朝鲜进入安东（今丹东）运动马侠李逢春、金寿山事，因古河是日本退伍军人，曾到过辽东，与马侠某头目有交情，最后决定派宋教仁和古河一同前去东北。宋教仁于是计划月内启程，恰遇《二十世纪之支那》杂志社旧友白逾桓手头有存款并愿与之同行，资金问题由此得以解决。不久黄兴又告"俄国革命党亦欲在东三省有所运动"，经营东北已是刻不容缓，在此情况下，更加彰显出宋教仁此行的重要性。

3月末，宋教仁与古河、白逾桓自日本出发，4月1日抵达辽东。他随即起草了"代古川写致李（逢）春信"，具体阐述此次前来联络、共图大业之意。信中说："今以有用之人才，而无合一团体，不图大举之方，不知进取之策，此亦可为公等痛惜者矣。……若统集辽河东西、黑水南北之义军，合为一团，共举大事，岂官军所能敌者。西渡山海关，则永平不守，南出喜峰口，则北京告危，大举以为革命之事，莫便于此！""视公等所处之地，形势不及远矣，欲与公等通好，南北交攻，共图大举"，"若不嫌微末，而以提倡大义之事互相联合，则不独仆等之幸，亦中国4万万同胞之幸也"。

几天之后，李逢春复信邀请宋教仁上山计议。宋教仁到山上后，在各处发表演说，宣传革命大义，所附者渐多。于是，他立即组建了同盟会辽东支部，作为领导东北革命的中心机构，主要负责人有吴禄贞、蓝天蔚、张绍曾及张榕等。其后，宋教仁还曾至北满联络著名的绿林首领刘单子，又深入长白山延吉地区联络当地武装首领韩登举，但没有成功。时值南方革命党人在孙中山的策划下，拟在潮、钦、廉诸州举行起义。5月22日，广东潮州黄冈事发，消息传到东北，宋教仁和白逾桓计划起兵响应，谋袭辽东军械厂，不幸未能成功。他后来又打算派白逾桓冒险进入沈阳城，在碱厂招兵买马，计划先占辽东，再逼近榆关，以窥北京，但又不幸被古河向清吏告密，事情败露，白逾桓被捕。宋教仁见形势危急，立即赶回了东京。

恰在此时，同盟会内部在革命中心的选择等问题上，出现了严重的分歧，爆发了激烈的争论。同盟会虽然是近代中国第一个资产阶级政党，但它只是一个由资产阶级小资产阶级急进派、资产阶级自由派和地主阶级反满派联合而成的松懈联盟，由于各派对同盟会纲领的理解不同，在商议实现纲领的具体行动时，往往出现重大分歧，从这个方面来看，同盟会并不是一个真正统一的资产阶级革命政党。

同盟会内部的分歧，可以说从其酝酿成立时就有所表现。1905年孙中山倡议联合组党时，华兴会内部就有各种不同意见，光复会的徐锡麟还公开声言"我与孙文宗旨不合"，始终独立活动。章太炎、陶成章等人虽然加入了同盟会，但始终未能和同盟会领导人融洽一致。尔后，孙中山倾全力在华南发动起义，引起以长江流域为基地的原华兴会、光复会部分成员的不满。据宫崎寅藏回忆，孙中山与黄兴第一次见面商讨建立联合组织时，就曾经因武装起义的发难地点问题进行过激烈的争论。黄兴主张从长江一带开始干起，孙中山则主张从广东开始干起。黄对孙说："你不要光讲自己老家好不好？"孙说："你要在长江一带干，但从哪里运送武器呢？长江一带很难运送武器进去,你知道吗?而广东则有几个运送武器的地方。"双方争来争去,最终是黄兴屈从了。但屈从不等于心服,而且宋教仁、谭人凤等人仍不以为然。当时,孙中山在写给宫崎寅藏的信中说:"盖万端仍以聚人为第一着,故别处虽有形势,虽便接济,而心仍不能舍广东者,则以吾人之所在也。"事实上,辛亥革命时期,孙中山领导的8次武装起义,其中6次在广东发动都失败了,而且每失败一次,内部意见分歧就加大一次。

1907年2月,孙中山和黄兴又因国旗图案问题发生争执。孙中山主张沿用兴中会的青天白日旗,理由是该旗为烈士陆皓东所设计,无数先烈曾为此流血牺牲。黄兴则主张采用井字旗,以示平均地权之意。他还认为青天白日旗以日为表,是效法日本,必须毁弃。黄兴这一意见使孙中山极为激动,厉声说:"仆在南洋,托命于是旗者数万人,欲毁之,先摈仆可也。"见此,黄兴也大怒,发誓要脱离同盟会籍。在这一争执中,宋教仁是同情黄兴的,认为孙中山待人处事"不能开诚布公,虚心坦怀","近于专制跋扈",且同盟会成立以来,会员多离心离德,将来不一定会有所作为,"不如另外早自为计"。3月1日,宋教仁向孙中山提出,辞去代理庶务干事一职。

促使同盟会裂隙加深的导火线是孙中山离日问题。1906年底同盟会组织发动萍浏醴起义失败后,清政府与日本政府交涉,要求逮捕并引渡在日本的孙中山。日本政府出于多方考虑,一面同意驱逐孙中山出境,一面请内田良平、宫崎寅藏出面,劝孙中山自动离日,并赠路费五千元,东京股票商人铃木久五郎也赠金一万元。孙中山当时正急需军事活动的经费,便接受了这笔款项。1907年2月25日,内田良平设宴为孙中山送行,黄兴、宋教仁、章太炎、胡汉民等均作陪。据谭人凤回忆:"时清廷惧党人甚,要求日本干涉,日政府派交涉员劝中山出境,送以程仪万金,中山受之;并于神户巨商铃木处借得万金,遂去日本。临行之际,招重要党员,宴会于歌舞伎座，颇尽欢。"3月4日，孙中山离日赴香港，同盟会会务交由黄兴主持。在孙中山离开日本时，考虑到民报社经费困难，于是从铃木赠款中提出两千元交给章太炎，章嫌少，要求将一万元全部留下，孙未允。稍后，孙接受日本政府赠款一事传出，竟然引起党人误会，认为是"中山得日贿，去时引党员宴会，以为一去不返之保证"。章太炎甚至将民报社内孙中山的照片撕了下来。适逢此时，又传来黄冈起义、七女湖起义失败的消息，于是反孙之人愈众。张继提出："革命之前，必先革革命党之命。"章太炎提出撤销孙中山同盟会总理职务，改推黄兴。幸亏代黄兴负责同盟会会务工作的刘揆一力排众议，抵制了章太炎等人的要求。

但一波未平，一波又起。同年6月，同盟会内部又因购买军火问题再次掀起风潮。为此，孙中山委托胡汉民写信至东京本部，声言要执行纪律，旋即又专门派林文到东京，禁止章太炎、宋教仁再干预军事问题。经过这次风潮之后，孙中山不大愿意过问同盟会本部的工作，同盟会内部的分裂更加明显，战斗力也随之大为减弱。孙中山曾痛心地说："党有内讧，诚至为艰苦困危之时代。"由于日本政府以及越南、香港等地的殖民当局都禁止其入境，他不得不远游欧美。此一期间，孙中山曾计划把同盟会改组为中华革命党，把誓词改为"废灭鞑虏清朝，创立中华民国，实行民生主义"，但却没有力量将此计划付诸实现。

对于同盟会的这种状况，宋教仁也是非常不满意的，也曾经有过悲观失望之举。自1907年从辽东失败归来后，他经常郁闷不乐，喝醉了酒就卧地长歌，一度还准备遁迹隐居。但宋教仁毕竟是一名资产阶级革命斗士，经过一段时间的消沉徘徊，他最终并没有真的"避人避世、遁迹烟霞"。除了坚持和改良派进行针锋相对的斗争外，宋教仁经常与谭人凤等人分析革命形势，力谋补助之方。如居正所说："见总会全力俱集中于南部，而本部精神惰懈不堪，实足使大多数省份同志日趋消极，乃时与谭人凤、宋教仁、林时塽、张兰亭等讨论此事。谭、宋亦以为忧。""谭人凤则不甚喜海外学人，尤厌清谈，与孙黄好尚异，独重桃源宋教仁，以为隽才。"

1908年10月，日本政府以所谓煽动暴乱之罪名，将《民报》封闭，他则想尽各种办法，竭力进行挽救，甚至设想过将《民报》迁移到美国去出版，结果都落了空。

1910年6月，孙中山化名Alaha医生，由美国潜返日本，黄兴、赵声等亦随后而至。孙中山这次到东京，"行动尤为缜密，即同盟会会员亦少晤见"。在谭人凤的努力下，宋教仁前往拜访孙中山，商讨改良会务等问题。孙中山因对其曾经支持章太炎、陶成章不满，故而说："同盟会已取消矣，有力者尽可独树一帜。"宋教仁问其原因，孙说："党员攻击总理，无总理安有同盟会？经费由我筹集，党员无过问之权，何得执行抨击？"次日，宋教仁又与谭人凤前去与之商谈，谭批评孙中山说："同盟会由全国志士结合组织，何得一人言取消？总理无处罚党员之规条，陶成章所持理由，东京亦无人附和，何得怪党人？款项即系直接运动，然用公家名义筹来，可容日约各分会长再议。"谈话到最后，仍未能达成建设性成果，结果不欢而散。从此，谭人凤与孙中山之间也产生了嫌隙。

谭人凤、宋教仁与孙中山闹翻，在两湖地区的革命党人中产生了很大负面影响。谭人凤，号石屏，湖南新化人，是同盟会里年纪最大的长者，能断大事，在两湖地区的革命党人中颇有威望。即使是当黄兴、宋教仁名位已经显赫之后，谭人凤仍敢当面责其过，两人都低头不敢争辩反驳，可见谭的声望颇高。此次谭人凤与孙中山闹翻后，两湖地区的革命党人决计"与孙公分"，"设中部同盟会"。在此情况下，谭人凤、宋教仁即与江苏的赵声等人商议，决定"以长江为进行地点"，改组同盟会。于是，谭、宋约张懋隆、林时塽、李伯中、陈勤宣、周瑟铿、邹永成、刘承烈、张斗枢等人在宋教仁寓所寒香园开会。据参加会议的邹永成说："开会的主要原因是因有人说：孙总理只注重广东，对于长江各省一点也不注重，华侨所捐的钱也只用到广东方面去，别处的活动一个钱都不肯给，现在我们要自己商筹一个办法去进行。"就是在这次会议上，宋教仁提出了"发难宜居中，不宜偏僻；战期宜缩短，不宜延长；战区宜缩小，不宜扩大"的革命方略，并据此阐发了著名的革命三策：

上策为中央革命，联络北方军队，以东三省为后援，一举而占北京，然后号令全国，如葡土已事，此策之最善者也；就沿江各省，同时并举，先立政府，然后北伐，此策之次者也；就瓯脱地，密布党羽，进据边要，然后徐图进取，其地则东三省或云南、两广，此策又次之也。金谓上策运动甚难，下策行之而败，且足以引起干涉，酿分裂之祸，宜决用中策。

为实现作为中策的中部革命，宋教仁认为"有组织中部同盟会之必要"。关于革命的进程，他主张"谋长江革命，期以三年，渐进至河北"。赵声则认为这样速度太缓慢，大家也都主张急进。谭人凤于是提出"事权统一，责任分组，而不限时间"，大家都表示赞同。最后，会议议决在上海设立中部同盟会，派谭人凤赴香港，商告黄兴。

谭人凤到香港后，与黄兴商议成立中部同盟会之事。黄兴无别意见，只是提醒须有款项方可。他此时正奉孙中山之命，欲在广州发动起义，不仅没有过多时间关注此事，而且还要谭人凤联络两湖革命党人一同响应，并邀宋教仁参加广州起义。虽然宋、谭二人对在边省起义持有异议，但还是抱着对革命胜利的希望，从大局出发而欣然从命了。

大政方针确定之后，确实如黄兴所料，出现了经费缺乏的情况。宋教仁于是采纳邹代藩的建议，准备把位于新化的锑矿专卖权出售给日本，并公推张斗枢、邹永成回国在汉口俄租界宝善里组织广惠矿务公司，以筹经费。同时，他忍痛出售了自己翻译的《比较财政学》一书的版权，作为经费补充。一切安排妥当之后，宋教仁于1910年12月离日返沪。

四、筹划武昌首义

1911年4月中旬，为参加广州起义，宋教仁如约秘密前往香港。临行前，他将《民立报》社中笔政事务委托方潜代管，但仍要署名"渔父"，以免他人生疑。到达香港后，宋担任起义统筹部课长，负责草拟各种规章。广州起义的布告文令，大都出自他的手笔。他又和其他同志一起草拟了《民国宪法草案》，以便在革命成功后宣布。4月27日，宋教仁离开香港，第二天到达广州，不幸此时起义已经失败，他只好重返香港，随后与谭人凤、陈其美等人一道返回上海，仍任《民立报》主笔。

广州一役，碧血横飞，浩气四塞，牺牲者之中也包括宋教仁的好友、福建侯官人陈铸三。宋教仁挥泪写下七律诗《哭铸三尽节黄花岗》两首，抒发了自己满腔的悲愤，以表达对于死者的怀念。

其一云：

孤月残云了一生，无情天地恨何平！
常山节烈终呼贼，崖海风波失援兵。
特为两间留正气，空教千古说忠名。
伤心汉室终难复，血染杜鹃泪有声。

其二云：

海天杯酒吊先生，时势如斯感靡平！

不幸文山难救国，多才武穆竟知兵。

卅年片梦成长别，万古千秋得有名。

恨未从军轻一掷，头颅无价哭无声。

广州起义失败，使革命力量遭到重大挫折，同盟会元气大伤。不少革命党人心念惧灰，痛不欲生。5月，赵声在郁闷中病故。7月8日，杨笃生在英国投海自尽。黄兴也表示："同盟会无事可为矣，此后再不问党事，惟当尽个人天职，报死者于地下耳。"同盟会本部各位同志亦是"鸟飞兽散"，而孙中山远在美洲，对此鞭长莫及。

同盟会中部会员通过广州起义的失败，更是认为"广东不足与有为"，纷纷群集上海，另谋革命大计。宋教仁当时已经回到上海，积极从事革命的联络与组织工作。谭人凤则由香港回到湖北，与居正、孙武会商起义办法。在湖北，焦达峰劝谭人凤说："事在人为，何可抛弃前功？"谭接受了焦的意见。次日，孙武邀共进会同志与谭人凤会面，谭提出"劝共进会、文学社两派合并，和衷共济，相辅而行"，得到双方同意。谭人凤于是沿江东下，抵达上海，与宋教仁会面相告。亲身经历广州起义失败的宋教仁，深切感受到不能继续在南方边省起义了，更加相信在长江流域发动革命的重要性。当他与谭人凤等人了解到长江流域的革命基础并未遭到破坏时，便立即着手组建同盟会中部总会。

1911年7月31日，宋教仁、谭人凤、陈其美、范光启、姚志强、吕志伊、章梓、陈勤生等在上海北四川路湖北小学召开中国同盟会中部总会成立大会。到会者29人，其中湖南籍7人，浙江籍7人，四川籍4人，福建籍5人，江苏籍3人，安徽籍2人，云南籍1人。会议决定总机关设于上海，部务取合议制，总理暂虚不设，凡事须经评议后执行。经选举，产生总务会干事如下：庶务陈其美，财务潘祖彝，文事宋教仁，交通谭人凤，会计

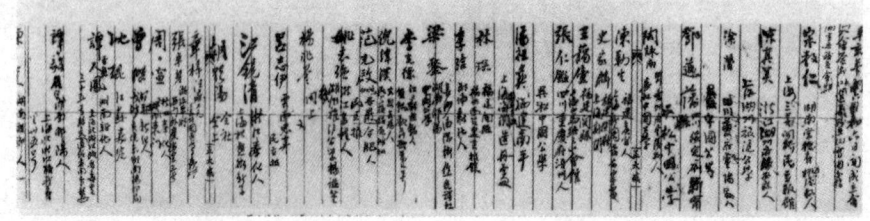
同盟会中部总会会员签名本

杨谱生。会议还通过了由宋教仁、谭人凤分别起草的章程和宣言。8月2日，第二次会议召开，众人推选谭人凤为总务会议长。

《中国同盟会中部总会章程》体现出对同盟会进行改组和改造的积极倾向，宣称："本会由中国同盟会会员之表同意者组织而成"，"凡中国同盟会会员依本会法律入会者，皆为本会会员"。《章程》抛弃了"平均地权"的纲领，言明"以推覆清政府，建设民主的立宪政体为主义"，试图将孙中山融政治革命、社会革命于一炉的革命变成比较单纯的政治革命。

《中国同盟会中部总会宣言》则对同盟会以往历次举事的失败进行了一次总检讨，指出其原因在于"有共同之宗旨，无共同之计划；有切实之人才，无切实之组织"，且"有此二病，不从根本上解决，惟挟金钱主义，临时招募乌合之众，掺杂党中，冀侥幸以成事"，难免最后酿成惨剧。因此，《宣言》主张要"培元气，养实力"，不轻于发难，"定宣统五年（1913年）为大举时期"。

有人认为，这篇宣言出自谭人凤的手笔。但无论是从语气上推敲，还是从宣言署名先后顺序（署名共29人，宋教仁名列第一，陈其美第二，谭人凤列倒数第三）来看，都应当是出自宋教仁的笔下。之所以托名为谭人凤起草，可能是考虑到谭较同盟会内一般同志年龄较长，宣言检讨了同盟会过去失败的原因，必然会引起同盟会有些成员的反感，起草者托名为谭人凤，会减轻一些人的不愉快，避免一些不必要的麻烦。许多当事人的回忆也都证实，"提出此一变更计划的具体建议者，实为宋教仁"。

同盟会中部总会是在东京同盟会总部长期涣散的情况下成立的，是宋教仁、谭人凤等迫于当时革命形势发展的需要而采取的积极措施。当时，长江流域的革命形势正在高涨，中部总会确定在这一地区发动革命是完全正确的。正如当时被中部总会派赴四川的吴玉章回忆说："主张以长江流域为中心，在中国的中部发动革命，而反对在边疆继续搞武装起义，这个意见在当时却是正确的。"黄兴在了解到中部总会的革命方略后，也当即致函："欣悉列公热心毅力，竟能于横流之日，组织干部，力图进取，钦佩何极！迩者蜀中风云激发，人心益愤，得公等规划一切，长江上下，自可连贯一气，更能力争武汉，老谋深算，虽诸葛复生，不能易也。光复之基即肇于此，何庆如之！"他还赋诗一首，以示赞赏："怀锥不遇粤途穷，露布飞传蜀道通。吴楚英雄戈指日，江湖侠气剑如虹。能争汉上为先着，此复神州第一功。愧我年年频败北，马前趋拜敢称雄。"孙中山也对中部总会转谋长江流域，给予了高度肯定，认为"时响应之最有力而影响于全国最大者，阙为上海"。

宋此前曾提出著名的上、中、下革命3策，实行中央革命的上策难度最大，进行边境革命的下策已屡遭失败，于是，在长江流域各省同时起事的中策便成为当时唯一切实可行的革命方案，而同盟会中部总会在上海的成立，则对实行中策更有进一步的规划，从此长江流域的革命形势为之一变。故时人评曰："迨本年三月二十九日广州之役失败后，全国人心为之震惊与感动情绪所支配，而革命党人尤为悲愤，复以原长江各地之布置与组织，未受三二九之惨败影响。于是有中国同盟会中部总会之成立，以谋革命之再举。自有此革命指挥机构以来，长江一带各种革命组织不但有所联系，而且有所秉承，发从指挥，得以协调呼应。其力量传播远及南北新军中，以及民间革命志士。"

同盟会中部总会成立后，立即投入激烈的斗争中去。是时，四川保路运动已经逐步进入高潮。宋教仁紧紧抓住这一有利时机，推动长江沿岸各省设立分会，以备大举。他请谭人凤到武汉，使居正促文学社与共进会实行联合，建立湖北分会；请曾杰去湖南，同焦达峰一起建立湖南分会；请范鸿仙和郑赞丞去安庆，建立安徽分会；又恰逢同盟会东京本部的吴玉章、张懋龙欲回四川，路过上海，宋教仁于是请他们在四川成立分会；井勿幕当时正在陕西联络军队，并且已经取得了显著成绩，宋教仁便请他设立陕西分会。以上各分会都直接受上海总部的指挥，联络军队会党，亦须遵照总部所定规章办理。于是，长江流域8省的革命组织终于联成一气，开始协同发展。

革命机关的设立已略见端倪，宋教仁又进一步筹划具体方案，并决定以武昌为首义地点。他认为：湖北地居国家中部，宜于首先发动起义，但武昌属于无险可守的"四战之地"，粮饷又很不充足，一旦起义发动，湖南、四川的党人必须要立即响应，以解除长江上游的威胁，并作为湖北的后援。京汉铁路是南北交通要道，清军容易运兵南下，而且为了防止战争牵动到租界，引起外人干涉，万不能使武汉成为战争区域，因此在武昌发动起义之后，一定要派兵驻守湖北与河南交界处的武胜关，使敌军不能沿铁路南下，以保证武汉的安全。同时，陕西、山西要继续起事，出兵切断京汉铁路，以分散敌人的兵力。为了防止长江运输阻塞，还要在长江下游的南京发动起义，封锁长江海口，迫使敌人的海军舰队陷于孤立，然后乘机应变以取之。宋教仁拟好计划后，即通知各地机关，命令遵照执行。后来的事实证明，正是由于同盟会中部总会及其各地分会的推动，才促进了四川和两湖地区革命形势的发展，促进了辛亥革命时机的快速成熟，进而才有了武昌起义的爆发和胜利。

欲争夺长江流域，则必先力争武汉。对此，清朝咸丰、同治年间的曾国藩、胡林翼等人就看得非常清楚。而宋教仁拟定的以武昌为首义地点的计划，与曾、胡二人的看法有异曲同工之处。因此，有人评价说，黄兴、宋教仁与曾国藩、胡林翼尽管立场不同，"但黄之拙诚与宋之明智，与曾、胡乃大相类似"。

为扑灭保路风潮，清政府除调集新军进入四川外，还命四川总督赵尔丰采取高压政策，从而进一步激起了四川人民的武装反抗。湖北共进会、文学社的联合也随着革命的发展而日趋加强，早在5月份，双方就行动统一问题初步达成协议。9月16日，双方代表在武昌雄楚楼10号刘公宅召开联合会议，商讨革命时行动统一的问题。会议最后决定：文学社、共进会的名义一律暂时搁置不用，以武昌革命党人的身份与敌人战斗。在推举起义领导人时，双方都互相谦让。在这种情况下，居正建议，派人赴上海邀黄兴和同盟会中部总会的宋教仁、谭人凤到汉主持大计，得到孙武、刘公等人的赞同。于是，众人推居正、杨玉如为代表，立即启程前往上海。

9月25日，居正、杨玉如两人乘船到达上海后，向宋教仁、谭人凤、陈其美等人详细报告了湖北的准备情况。居正说：自从清廷提出铁路国有政策后，四川就骚乱不已，武汉也人心汹汹，这真是天亡清廷的好时机，而且湖北的革命运动已臻成熟，湖北军队中的同志都认为机不可失，无法再等下去，希望能赶快决定一个起义的日期。听到报告后，宋教仁、谭人凤等人同意提前在武昌发动起义，上海、南京两地一同举事响应，并答应前往湖北主持大计。在派人到香港请黄兴速来的同时，宋教仁、谭人凤等决定先一步西行。但由于谭生病了，宋承诺10月11日动身前往。

就在此时，武汉革命党人的意见却出现了不完全一致的情况。当居正、杨玉如两人顺流东下之际，被清政府囚禁于狱中的胡瑛托学生岑伟生带信给宋教仁，痛哭流涕地力言湖北准备还不充分，不能轻易发动起义。宋教仁和胡瑛久经患难、关系密切，一向"深佩其毅力"，对其十分信任，接信后转而开始对居正的报告将信将疑，决定等黄兴从香港回来后再作商议。于是，武汉之行就被搁置了下来。对此，居正不无遗憾地说："沪上诸君于吾鄂同志多年运动之情形与牺牲精神，或犹有所未悉也。"

10月3日，因为武汉事急，居正再次催请宋教仁等人尽快启程，宋同意提前到10月6日出发。结果临行时，又因于右任不在，宋教仁作为《民立报》的主笔，报社事务难以摆脱，而未能成行。10月8日，谭人凤带病出院，先行一步，结果船到九江时，武昌起义已经成功，黎元洪被推出担任了起义领导人。宋教仁来不及赶到武汉，引为终生大憾。谭人凤也因此归罪于他——"推原祸始，则皆宋钝初之迁延有以致之也。不然，当时内地同志对于海外来者实有一种迷信心，安有黎元洪？无黎元洪，又安有此数年来之惨剧？吾昔日因袁世凯目黄、宋为英雄，曾有曰：'克强雄而不英，钝初英而不雄。'"

正当宋教仁等人在上海仍犹豫不决之际，为形势发展所迫，湖北共进会和文学社已决定采取联合行动，于9月24日成立了统一的起义领导机构。鉴于文学社成员广布湖北军中，于是公推文学社领导人蒋翊武为总指挥，共进会孙武为参谋长，同时在武昌小朝街85号设立起义总指挥部，在汉口俄租界宝善里14号设立政治筹备处，还内定宋教仁为军政府外交总长。

10月10日晚，新军工程第八营的革命党人打响了武昌起义的第一枪，镇压起义的反动军官被击毙，几十人冲往楚望台军械库夺取弹药。军械库守军中的革命士兵群起响应，一举占领楚望台。旋即，步、炮、辎重各营和军事学堂学生约5个营兵力纷纷起义，齐集楚望台，临时推原日知会会员、队官吴兆麟担任指挥，向总督衙门发动进攻。将士们奋不顾身，血战通宵，终于攻占了总督衙门、藩库等要地，湖广总督瑞澂仓皇逃到舰上。起义军一夜之间占领了武昌城，取得了首义的胜利。11日晚和12日晨，驻汉阳、汉口的新军也先后起义，至此，武汉三镇完全被革命党人所控制。

这时，革命所面临的首要任务，是立即建立政权，扩大革命的成果，将革命继续推向前进。但此时，孙中山远在海外，黄兴、宋教仁等同盟会重要领导人也分别在香港、上海等地。直接组织这次起义的文学社、共进会领导者，在起义前后或受伤、或牺牲、或被迫离开武汉，致使武昌革命党人在群龙无首的情况下，推举原清军协统黎元洪为湖北军政府都督，立宪派人、原咨议局议长汤化龙为民政部部长。宋教仁得知这一消息后，追悔莫及，以为终生憾事。

10月28日，宋教仁和黄兴抵达武汉后，更加感到黎元洪等旧官僚控制革命领导权的危险性，提出推举黄兴为湖南、湖北大都督，或为南方民军总司令，以便将领导权掌握在革命党人手中。但由于首义人员刘公、孙武、吴兆麟等人的反对没有实现，最后推举黄兴为战时总司令，宋教仁则被留在军政府内，协助胡瑛办理外交事务。当清政府重新起用袁世凯，调兵攻陷汉口后，宋见武昌形势危急，乃决意前往南京、上海发动起义，以解武昌之困。在宋教仁和中部同盟会的领导下，上海和南京很快被革命党人占领。

武昌起义后不久，全国陆续有湘、陕、晋、赣、滇等省新军起义响应，分别建立了军政府，宣告独立。展望革命形势的迅猛发展，宋教仁兴奋地说："一夫树帜，宣告独立，万方举事，响应入流。"他号召全国民众抓住时机奋起革命，"以方兴之民国，与运尽之政府争"，"时乎不再来，千钧一发，机会不容轻纵。大好男儿，及时奋起，勿使他人独享其成，好自为之"。此后数月，又有沪、黔、苏、浙、桂、皖、粤、闽诸省宣告起义。

在各地纷纷起义的响应之下，宋教仁的中部革命策略得以实现，中华民国南京临时政府即将诞生。

第五章

创建共和政体

设计鄂州约法

成立临时政府

制定民国约法

"宋教仁模式"之困

一、设计鄂州约法

武昌起义的枪声打响后,组建革命政权成为首要问题。但由于孙中山远在美国,黄兴客居香港,革命党人一时呈群龙无首状态,只得推黎元洪就任湖北军政府都督。1911年10月11日晚,由革命党人蔡济民等组成的谋略处召开会议,决议宣布中国为"共和的中华民国",废除清王朝年号,"永久建立共和政体",从而最早树起了"中华民国"的旗帜,开启了创建民主共和政体的历程。稍后,湖北军政府发出《布告全国电》,宣布湖北全省各地方一律改行共和政体,并呼吁全国18省父老兄弟齐心协力,"永久建立共和政体,与世界列强并峙于太平洋之上",从而"共享万国和平之福"。

得知武汉三镇起义成功的消息后,宋教仁异常兴奋之余,与陈其美、杨谱生等人密切关注形势发展,积极策划各地起而响应。在他看来,武汉三镇仓促起事,力量毕竟薄弱,而庆亲王奕劻派陆军大臣荫昌率领北洋第二、四两镇大军南下,海军提督萨镇冰指挥舰队溯江而上,单以武汉一隅对抗清廷水陆大军恐不能持久,应通电中部同盟会各省分会急起响应,特别是南京与上海更要尽快设法响应。宋教仁分析时局后认为,全国首义重在武昌,东南举事重在南京,若能拿下南京,即可声援武昌,则天下大局可定。

10月28日,宋教仁、黄兴、刘揆一、田桐等人乘船抵达武汉后,革命党人当下商定,推举黄兴督师武汉,柏文蔚经营南京,陈其美负责淞沪。此时,湖北形势已经万分危急。袁世凯已于25日派冯国璋率北洋第一军南下而来,又命段祺瑞率第二军紧随其后。自从清军进攻武汉以来,革命军损失惨重,已死伤2000多人,汉口刘家庙车站、跑马场、大智门都已被清军占领。袁世凯也从"养病"之所河南彰德(今安阳)南下,派道员刘承恩以清廷"下罪己诏,实行立宪,开除党禁,皇族不问国政"为条件,同革命军讲和。

宋教仁得知这一消息后,立即发表了对时局的看法。他认为,衡量当前大势,应尽快组成一个全国性的"中央临时军政府",以和清廷对抗。如此,对内可以聚合革命力量,振奋民心与士气;对外可以使列强继续承认中国处于"交战国"状态,严守中立,并借此进一步取得外国承认。而要得到各国承认,起码要具备三个条件:一是已经取得相当的土地;二是已经设立一个统一的政府;三是战争方法合乎文明国家的习惯。否则,各省起义响应、宣告独立后,没有统一的政府,必然会造成分裂局面,给列强干涉中国内政提供借口。因此,亟须先组成临时政府,以求早日得到国际承认。

由于汉口战事日益吃紧,宋教仁实地考察后,立即致函中部同盟会留沪的陈其美、杨谱生、潘训初三位总务干事,要求速起响应。信中写道:"谱、英、训三兄及诸同志鉴:弟于前日安抵鄂中。此间战事吃紧。亟望各处响应……沪上及南京、皖北情形,均乞示知。长沙、九江、宜昌、岳州已确得。刻下惟北洋敌兵可虑耳。柏(文蔚)君已行否?皖北如动,亟宜出河南以为牵制北兵之计。否则仅恃鄂兵,与彼硬战,恐难支也。"

11月1日,清政府宣布袁世凯为内阁总理大臣,接替荫昌指挥清军战事。2日,黄兴在汉口奋战三天,终因寡不敌众,撤回武昌,汉阳失守。袁世凯再派刘承恩致书黎元洪,倡议和谈。不久,云南、山西先后起义,极大地增强了革命军的声势,宋教仁又致函位于上海的同盟会中部总会,催促安徽、南京革命党人尽快起事,因为"云南、山西又光复,宁、皖不动,实不能对人"。

与此同时,宋教仁开始紧张地筹组临时政府。居正等人提议推举黄兴为湖南、湖北大都督,称"南方民军总司令",以便统辖湘、鄂两省革命军与清军作战。但有人担心此举会使黎元洪产生疑惑,引起内争,给清军挑拨煽惑造成可乘之机。而黄兴也以"未立一功，何以服众"为由，拒绝出任大都督。于是，组织临时政府一事，暂被搁置起来。

但是，随着各省宣告独立的函电先后传到武昌，组织临时政府又重新被提上日程。至11月中旬，全国已有12个省份及省会宣布起义，上海等大城市也已被革命党控制，清政府对江南的统治几乎尽被摧毁。在此形势下，宋教仁认为应立即组成一个全国性的临时政府，以凝聚各地陆续独立的革命势力。于是，他再次向黎元洪提出在武昌组建临时政府的建议，得到黎的赞同。

11月7日，黎元洪通电独立各省，征询对组建临时政府的意见。他在电文中指出："现在义军四应，大局略定。惟未建设政府，各国不能承认交战团体，敝处再四筹度，如已起义各省共同组成政府，势近于偏安，且尚多阻滞之处。若各省分建政府，外国断不能于一国之内，承认无数之交战国。兹事关系全局甚大，如何处之，乞贵军政府会议赐教，立盼电覆。"两天后，黎元洪再次致电各省：由于事情紧急，各省全权委员一时未能全到，可采取变通之法，"先由各省电举各部政务长，择其得多数票者来鄂，以成立政府"，并"照会各国领事，转各公使请各国承认"。

在黎元洪致电各省的同时，宋教仁和汤化龙、居正、胡瑞霖、张知本等人经过商讨，推宋教仁负责起草《中华民国鄂州约法》，作为"组织临时政府"与"建设新国家"的指导方针。11月9日，湖北军政府颁布了这部约法。

《中华民国鄂州约法》分"总纲"、"人民"、"都督"、"政务委员"、"议会"、"法司"、"补则"七章，共60条，系统反映了宋教仁以分权主义为基础的共和政体设计。其"总纲"规定：鄂州政府由都督及其任命之政务委员与议会、法司构成；议会则在约法施行3个月后设立。其"人民"章规定：人民一律平等，享有言论、集会、结社、信教、居住、保有

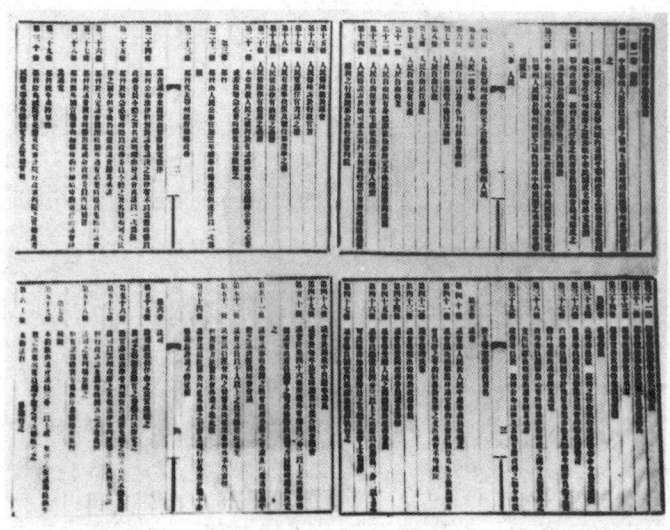
《中华民国鄂州约法草案》

财产、自由营业等权利；有人身、住宅不受侵犯，非依法律不得逮捕、不得搜索的权利；享有任官、考试、选举及被选举之权利。其"都督"章规定：都督由人民公举，任期3年，连任以一次为限；都督对议会负责。其"议会"章规定：议员由人民中选举产生，议会有制定法律、议定条约，审理预算、决算，向政务委员提出条陈、质问或弹劾的权力。《中华民国鄂州约法》还规定：作为行政机关的政务委员会、作为立法机关的议会和作为司法机关的法司，各有权限，互相牵制。

《中华民国鄂州约法》是以资产阶级自由、平等、博爱和"天赋人权论"为思想基础，以三权分立制衡为政治原则的一部民国大法，基本勾画出一套资产阶级共和国方案。它作为中国资产阶级拟定的第一个带有宪法性质的重要文件，在中国历史上破天荒地承认了人民的民主、自由权利，不仅从根本上否定了清王朝封建君主专制政体，而且把资产阶级地方共和政权的设想用法律形式确定下来，对促进人民在政治上的觉醒具有重大意义，并成为其后南京临时政府颁布《中华民国临时约法》的蓝本。

二、成立临时政府

随着各省"军政府"（有的称"都督府"）相继建立，客观形势的发展迫切要求组建全国统一的中央政权。但是，组建一个什么性质和形式的政权，不同政治派别都各自心有打算。

当宋教仁起草《鄂州约法》之时，上海的立宪派要人也在频繁活动，趁乱谋取权力。还是在10月下旬，林长民就已致函湖北的汤化龙，策划联合独立各省组织统一的联合政府。11月11日，张謇、赵凤昌、伍廷芳、温宗尧、雷奋、杨廷栋等又会集协商成立"临时议会"，以取代咨议局联合会，并于当日由程德全、汤寿潜出面，通电联合上海都督陈其美，援引美国独立战争时期召开大陆会议的先例，倡议"于上海设立临时会议机关，磋商对内、对外妥善之办法"。具体措施为：各省旧咨议局和现都督府各派代表一人，常住上海，两省以上代表到会，即行开议。12日，他们又用苏、浙两省代表名义，电请全国各省派代表来沪，会商组织临时政府。为争取主动，张謇还设计了"政府设鄂，议会设沪"的方案。由于武昌首义者的电报在不同地区分别有所延误，各省又多就近选派本已在沪的名流为代表，至15日，已有浙江、江苏、镇江、福建、山东、湖南、上海等处代表在沪集会，议决会议名称为"各省都督府代表联合会"。身为同盟会成员的沪督陈其美等人，基于与武汉光复会方面一争高下的需要，竟也全力支持这个联合会。于是，武昌首义后，中国便出现了武昌和上海两个筹建全国政权的中心。

武昌和上海这两个政权中心，前者代表着资产阶级革命派的利益，后者代表着前清立宪派、在籍或寄寓的达官显臣及绅耆名流的利益。尽管如此，上海方面的意见还是体现了仿照美国政治制度建立资产阶级共和国的

思想。这在 1911 年 10 月由宋教仁等发起的《组织全国会议团通告书》中表达得非常清楚:

> 自武汉事起,各省响应,共和政治已为全国舆论所公认。然事必有所取,则功乃易于观成。美利坚合众国之制度,当为吾国他日之模范。美之建国,其初各部颇起争端,外揭合众之帜,内伏涣散之机。其所以苦战八年,卒收最后之成功者,赖十三州会议总机关有统一进行、维持秩序之力也。考其第一、二次会议,均仅以襄助各州议会为宗旨,至第三次会议,始能确定国会长治久安,是亦历史必经之阶级。吾国上海一埠,为中外耳目所寄,又为交通便利,不受兵祸之地,急宜仿照第一次会议方法,于上海设立临时会议机关,磋商对内对外妥善之办法,以期保疆土之统一,复人道之和平,务请各省举派代表,迅即莅沪集议。盼切盼切。

11月17日,宋教仁回到上海。当日,上海方面得知武昌也发出了商组临时政府的电报后,当即决定,以各省都督府代表会名义,致电在鄂的黎元洪和黄兴,要求会议在沪举行。20日,宋教仁和各省代表团,在位于上海的江苏教育总会内会商,再次议决"承认武昌为民国中央军政府,以鄂军都督执行中央政务"。这实际上采用了张謇所提出的"政府设鄂,议会设沪"的方案。

武昌方面虽然同意上海方面提出的效仿美国十三州大陆会议的做法,认为这是"一定不易之办法",但对开会地点表示异议。当时,黎元洪在湖北军政府的地位已经初步稳定,聚集其周围的不仅有一批旧官绅,还有以孙武为首的一批革命党人,实力也很可观。正因如此,武昌方面答复上海方面说:"既以湖北为中央军政府,则代表会亦自应在政府所在地。府、院地隔数千里,办事实多迟滞,非常时期,恐失机宜。"并派居正、陶凤集等赶赴上海,力争各省代表会议在湖北举行。

在此形势下,上海方面不再坚持在沪开会,同意各省代表均赴湖北,但又议决:"各省代表赴鄂,宜各有一人留沪;赴鄂者议组织临时政府事,留沪者联络声气,以为鄂会后援。"最后确定宋教仁、居正、林长民、陶凤集、吴景濂、赵学臣等为留沪代表。

11月30日,汉阳失守。同一天,来自11省的23名代表移居汉口英租界的顺昌洋行内,召开第一次会议。代表们推举湖南代表谭人凤为议长,议决在临时政府成立之前,由湖北军政府代行中央军政府职权。

由于汉口、武昌军情告急,留在上海的宋教仁于12月1日发表《致各省谘议局电》,认为湖北"军务正紧,急难开议",而"组织临时政府之议,决不因汉阳之失而阻。目下大局安危,不在一时一地之胜负,实在统一机关之成否"。因此,他电请在鄂各省代表立即折回上海继续开会。2日,各省都督府代表联合会在上海作出议决:一是离鄂前先制定《临时政府组织大纲》,由雷奋、马君武、王正廷负责起草;二是如果清内阁总理大臣袁世凯反正,应当公举为临时大总统。3日,各省都督府代表联合会正式通过了《中华民国临时政府组织大纲》。

《临时政府组织大纲》第一章"临时大总统"规定:"临时大总统由各省都督府代表选举之,以得票满投票总数三分之二以上者当选,代表投票权每省以一票为限",临时大总统有"统治全国"、"统率海陆军"之权;临时大总统得参议院之同意,有"宣战、媾和及缔结条约"、"任用各部长及派遣外交专使"等权力。

《临时政府组织大纲》第二章"参议院"规定:"参议院以各省都督府所派之参议员组成";参议院之职权除第一章所列者外,尚有"议决临时政府之预算"、"检查临时政府之出纳"、"议决全国统一之税法、印制及发行公债"、"议决暂行法律"等权;"临时大总统对于参议院议决

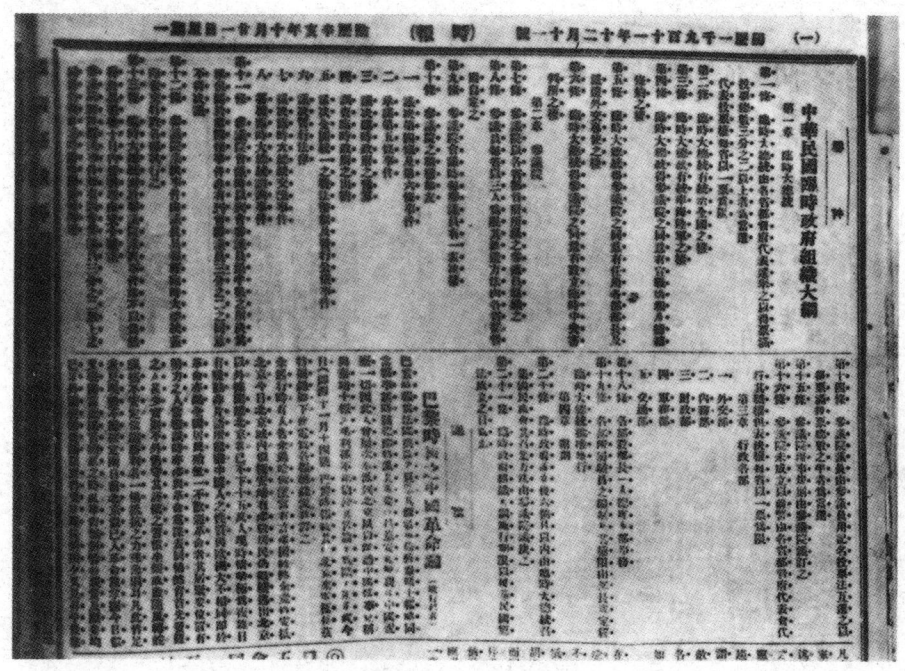

1911年12月11日上海《时报》刊载的《中华民国临时政府组织大纲》

之事件,如不以为然,得于具报后十日内,声明理由,交会复议。参议会对于复议事件,如有到会参议员三分之二以上同意,仍执前议时,应仍然照案办理";"参议院未成立之前,暂由各省都督府代表会代行其职权,但表决权每省以一票为限"。

《临时政府组织大纲》第三章"行政各部"规定:设立外交、内政、财政、军务、交通等部。

《临时政府组织大纲》最后还规定:"临时政府成立后六个月以内,由临时大总统召集国民会议";"临时政府组织大纲施行期限,以中华民国宪法成立之日为止。"

由上述规定可以看出,《中华民国临时政府组织大纲》采用的是美国总统制的政体形式。这与宋教仁所持责任内阁制的分权主义思想大相径庭,因此，当《临时政府组织大纲》传到上海后，宋教仁即指出"此草案不适合者颇多"。例如，《临时政府组织大纲》对人民的权利义务未作任何规定，法律提案权也不明确，大总统对部长以下文官没有任免权。为此，宋教仁建议赴鄂代表与留沪代表会合后，再"反复审定，不使贻笑大方也"。

各省代表在汉口开会期间，江浙革命联军攻占了南京，联合会即议决以南京为临时政府所在地，各省代表于7日内齐聚南京，待有10个省以上的代表报到，就可召开临时大总统选举会。此时，留沪代表也在积极活动，特别是宋教仁、陈其美等同盟会会员，本来就对在武汉开会持有异议，这次攻下南京后更是认为：各省未响应起义时，武昌理当是革命军的根本所在，适宜作为首都，建立临时政府；如今东南各省都已纷纷起事，革命形势广为发展，且汉阳已经失守，武昌战事正当紧急，作为首都已为不宜，应另"择地最善者"，"以敏捷之手段组织临时中央政府，以巩固民国根基"，而最佳地点莫过于南京。于是，占领南京后三天，程德全、陈其美、汤寿潜三位都督马上出面邀请各省留沪代表举行会议，打算投票公推黄兴为大元帅组织临时政府，同时推选黎元洪为副元帅兼任鄂军都督。但没有想到，这个决议首先遭到留沪代表章太炎的反对，他认为黎元洪领导武昌首义劳苦功高，如果被选为副元帅，在黄兴之下，太不合理。而同一天，汉口的代表获悉上述决议的消息后，立即发电报要求黎元洪以都督名义出来要求取消之。于是，黎元洪12月8日通电各省都督说："如实有其事，请设法声明取消，以免混淆耳目。"

汉阳的失守和南京的攻占，使得上海方面在筹建政权的竞争中实力大增。特别是宋教仁、陈其美二人，担心武昌如果成了中央政府所在地，将对同盟会不利，因此串联留沪代表提出了南京建都的方案。此外，袁世凯也在暗中活动。各省代表在汉口开会时，袁就已通过秘密活动以及英国公使朱尔典、英驻汉口总领事戈飞等人的疏通，促使会议议决："如袁世凯反正，当公举为临时大总统。"不过，在上海和武昌两个筹建政权的势力集团中，袁世凯更倾向于前者，因为他早已与关系密切的张謇等人达成了默契。还在上海方面电邀各省代表来沪集会时，袁世凯就派人密访程德全，声称北洋军强烈要求以袁为大总统，南方应先成立政府，而后再让与袁世凯。依据袁的嘱咐，上海方面还设计了一个"虚大总统以待北方之英，树大元帅以顺南军之志"的临时政府方案，为日后袁世凯掌握政权创造条件。

12月14日，到达南京的各省代表召开会议，推选汤尔和为议长，王宠惠为副议长，并决议16日选举临时大总统。但此时传来袁世凯所派议和代表唐绍仪已抵汉口的消息，并且由湖北赶来的浙江代表陈毅在15日的会议上说："唐绍仪到汉时，黎大都督代表已与会晤，据唐代表称；袁内阁亦主张共和，但须由国民会议议决后，袁内阁据以告清廷，即可实行逊位。"闻听此消息，各省代表当日作出决定，暂缓选举临时大总统，承认上海方面所推举的大元帅、副元帅人选（即黄兴、黎元洪），并在《临时政府组织大纲》中追加一条："大总统未举定以前，其职权由大元帅暂任之。"

12月16日，黄兴以黎元洪反对于前，驻守南京的江浙联军持异议于后为由，坚决不就任大元帅一职。第二天，代表会议改举黎元洪为大元帅，暂驻武昌，黄兴为副元帅，代行大元帅职权，并于《临时政府组织大纲》中再加一条："大元帅不能在临时政府所在地时，由副元帅代行其职权。"即便如此，黄兴也还是坚辞不就，而黎元洪也不能前来南京，于是各省代表陷入了进退维谷的境地。

12月18日，南北和议代表伍廷芳、唐绍仪在上海南京路英租界市政厅开始谈判。英、法、德、美、日、俄6国公使也参加调停，通电希望双方早日和平解决。同一天，袁世凯又派代表廖宇春和江浙联军总参谋顾忠琛秘密会商，以推袁为大总统为条件，和平解决时局。顾忠琛将这件事报告黄兴，黄兴命其继续与廖磋商，最后订立草约5条，特别写上"先推翻清政府者为大总统"。外电还盛传黄兴此前曾电复汪精卫转告杨度，如"袁能令中国为完全民国，决举为大统领"。

宋教仁对袁世凯素无好感，在武昌致李燮和函中曾说："其人本不学无术，其品更恶劣可鄙，此间早与断绝，联兵北伐，以一中原。"并将此函公开发表在11月21日的《民立报》上。然而形势变化非常迅速，不到1个月时间，南北和议的呼声甚嚣尘上。社会各界认为推倒了满清政府，愿望就已达到，因此开始厌烦将战乱继续下来，便众口一词拥戴袁为大总统，实现南北和解。而临时中央政府由于迟迟不能组建起来，缺乏统一领导，政界各方人士为了早日实现和平，也转而将希望寄托在袁世凯身上。对此，前清重臣岑春煊看得非常清楚："袁世凯手握强兵，直压武汉；外挟民意，以制朝廷；使双方皆受其指挥，而坐收渔人之利。"

正当南北和议紧锣密鼓进行之时，孙中山从欧洲回国。12月25日，孙中山到达上海后，立即和同盟会员讨论组织临时政府问题。他主张采用总统制，不设总理，认为"内阁制乃平时不使元首当政治之冲，故以总理对国会负责，断非此非常时代所宜"。这一主张得到黄兴、张静江等人的支持。同盟会的要员们还决定分别向各省代表示意，选举孙为临时大总统，并由马君武著文在《民立报》披露。

但是，宋教仁从防范袁世凯擅权专制的目的出发，坚决主张采用内阁制，认为这样可以限制总统的权力，即使野心勃勃的袁世凯当上了总统，也不得不就范；尤其是实行政党政治后，同盟会只要在国会中取得多数党地位，就自然可以通过组阁而合法取得政权。因此，宋教仁认为必须趁当前正推举本党领袖为临时大总统的时候，马上修改《临时政府组织大纲》，这样就不会露出专为对付袁世凯而设计内阁制的痕迹。宋教仁据理力争，希望能得到多数党人的支持，但其用意又不便直说，结果是没有人能够理解,甚至有人误会他自己想当总理,所以才力主采用责任内阁制。

争论到最后,孙中山让张继和宋教仁磋商后,再作议决。经过一番磋商,孙中山终于同意,改总统制为内阁制,孙中山为临时大总统,黄兴任国务总理。统一党内意见后,宋教仁、黄兴等人于12月26日来到南京,向各省代表会提出了修改《临时政府组织大纲》的议案。

12月29日,南京代表召开临时大总统选举会,出席代表来自17省共45人,每省1票,由议长按省份次序呼叫省名,各省代表依次投票,候选人为孙中山、黎元洪、黄兴3人。开票结果,孙中山以16票当选为临时大总统。代表会当场决议:各省代表具签名书,交正、副议长,并到上海欢迎大总统来南京就职。

孙中山在上海得知当选消息后,立即复电在南京的各省代表,表示接受,又致电各省都督:"今日代表选举,乃举文为公仆,自顾材力,诚无以当……"孙中山作为国家元首而自称"公仆",这也充分显示了资产阶级共和国与封建帝国的根本区别。临时大总统的产生,使得各省都督府代表联合会50余日的政权争夺暂时告一段落,但风波仍未平息。

在临时政府首脑问题解决后,政治风波就主要围绕修改《临时政府组织大纲》而展开。早在《临时政府组织大纲》公布时,就有许多人并不满意,或认为遗漏了"人权"方面的规定,或认为不应将行政各部的设置死板地规定在这一具有临时宪法性质的基本法内。立法者则解释:这是临时政府的组织法,有效期很短,第二十条规定6个月以内召集国民会议,届时当另定完全意义上的宪法。在宋教仁看来,《组织大纲》采用的是美国式总统制,而他一贯主张采用法国式的内阁制,因而极力主张对此进行修改。还是在选举临时大总统之前,宋教仁就曾宴请各省代表,在演说中谈到了必须修改的理由,但是赞成的人很少。及至孙中山就任前一天,宋教仁又与云南代表吕志伊、湖北代表居正等联署提出修正案,其主要内容有:

17省代表在南京举行临时大总统选举会后合影

（1）原第一条临时大总统之下，加"副总统"，并改为"临时大总统、副总统皆由各省代表选举之，代表投票权每省以一票为限"。

（2）原第五条改为"临时大总统制定官制、官规，并任免文武官员；但任命国务各员，须得参议院之同意"。

（3）原第十七条"行政各部如左：一、外交部。二、内务部。三、财政部。四、军务部。五、交通部"，全部删除，行政各部改为国务各员，另拟十七条为："国务各员执行政务，临时大总统发布法律及有关政务之命令时，须副署之。"

（4）原第十八条"各部设部长一人，总理本部事务"，全部删除。

（5）原第十九条"各部所属职员之编制，及其权限，由部长规定，经临时大总统批准施行"，全部删除。

（6）原第二十条"临时政府成立后，六个月以内，由临时大总统召集国民议会"之下，加"制定民国宪法"。

（7）追加的"大元帅、副元帅之职权"条文，全部删除。

以上各项修改，其实是要将总统制改为由国务员负责的内阁制。而恰值修改过程中，社会上出现了宋教仁想当总理的谣传。先是章太炎在《神州日报》上发表支持宋为总理的言论，说他"有总理之才"，应委以内阁总理之职。这引起一些人对宋教仁的误会，甚而怀疑宋教仁主张修改《临时政府组织大纲》，用意是谋一己私利，于是对宋大加攻讦。加之原先起草《临时政府组织大纲》的一些人如雷奋、马君武，和江浙旧官僚系统的许多代表一起在旁助威，竟导致形成一股声势极大的反宋风潮。在此情况下，代行临时参议院职权的各省都督府代表联合会在通过《临时政府组织大纲》修正案时，不仅没有采纳责任内阁制的主张，而且连内阁总理都不予设置，由各部总长直接向大总统负责，并增加了副总统一职。

1912年1月3日，各省都督府代表联合会按照修正后的《临时政府组织大纲》，选举了副总统，黎元洪当选。同日，孙中山以临时大总统名义向各省代表会提出9个部国务员的人选：陆军总长黄兴，海军总长黄钟瑛，内务总长宋教仁，外交总长王宠惠，司法总长伍廷芳，财政总长陈锦涛，教育总长章太炎，实业总长张謇，交通总长汤寿潜。这一名单，已经是孙中山向立宪派让步的结果，但他们仍不满足，名单在审议会上一经提出，就遭到部分代表的反对。他们绕开无法动摇的黄兴而反对宋教仁掌内务、王宠惠掌外交，要求将外交部让给一贯主张立宪的伍廷芳，并示意由程德全掌内务。因内务、外交是两个极其重要的部门，立宪派极力争夺，不肯让步。黄兴于是向孙中山提出变通之法，这就是"部长取名，次长取实"，改程德全掌内务，蔡元培掌教育，伍廷芳与王宠惠对调，由司法转掌外交。孙中山无奈，只好同意更换内务和教育总长的人选，但强调伍、王二人不必对调，由自己直接掌管外交，并据此提出了新的国务员名单：陆军总长黄兴，次长蒋作宾；海军总长黄钟瑛，次长汤芗铭；外交总长王宠惠，次长魏宸组；司法总长伍廷芳，次长吕志伊；财政总长陈锦涛，次长王鸿猷；内务总长程德全，次长居正；教育总长蔡元培，次长景耀月；实业总长张謇，次长马君武；交通总长汤寿潜，次长于右任。当天，这份名单得到代表会的一致通过，南京临时政府组阁成功。

南京临时政府的成立，标志着体现资产阶级共和的中华民国的诞生，不仅终结了260余年的清朝统治，还结束了2000多年来的封建君主专制政体。正如孙中山所说："予三十年如一日之恢复中华，创立民国之志，于斯竟成。"

提名宋教仁担任内务总长未获通过，孙中山考虑再三，于1月13日提议设立总统府法制院，并提名由宋教仁任总裁。16日，各省都督府代表联合会审议通过了这项任命。法制院虽名曰"院"，但隶属于总统府，级别低于各部，故时人多称其为"法制局"。许多人为宋教仁未担任内务总长而抱屈，他却说："总长不总长，无关宏旨，我素主张内阁制，且主张政党内阁，如今七拼八凑，一个总长不做也罢。共和肇造，非我党负起责任，大刀阔斧，革故鼎新，不足以言政治。旧官僚模棱两可，畏首畏尾，哪里可与言革命、讲共和？"

宋教仁很重视立法工作，就任法制院总裁也倒是非常适合。根据1912年1月20日《民立报》刊登的《法制院官职令》，法制院直接隶属于临时大总统，其职权一是草订法律命令案，二是将应修改及增订的法律命令具案呈报大总统，三是考核各部草订之法律命令案。宋教仁就职后，本着平时积累的学识修养，朝夕勤勉，忙于制法。现据学者考证，由法制院拟定的法律文件有：各部官制通则、陆军部官制、外交部官制、内务部官制、交通部官制、教育部官制、改订法制院官制、公报局官制、铨叙局官制、印铸局官制等；经过法制局审定的法律文件有：海军部官制、法官考试令、律师法草案、南京府官制等。因此，民初著名记者徐血儿在为宋教仁写的传中说:"临时政府法令,多出先生之手。"

三、制定民国约法

总统、国会、宪法是资产阶级共和国的象征。作为资产阶级革命派领袖的孙中山,非常重视这些象征,南京临时政府成立后,便立即根据资产阶级民主共和模式着手组建临时参议院。按照《临时政府组织大纲》的规定,参议院由各省都督府所派参议员组成,每省以3人为限;参议院未成立前,各省都督府代表联合会代行其职权。早在1911年12月29日,各省都督府代表联合会即致电各省都督,请派参议员组织参议院,并提出"参议员须精通政法及富经验者"。翌年1月3日临时政府成立后,也电请各省派参议员组织参议院。不久,各省所派参议员陆续抵达南京。从到会人员的名单来看,40余人之中,资产阶级革命派约占3/4以上,因此可以说,南京临时参议院仍是一个革命的立法机构。1月28日,临时参议院正式召开了成立大会,代行国会职权。

2月12日,清帝溥仪在袁世凯的逼迫和南方革命形势的压力之下,宣布退位。由于南北和议时各省都督府代表曾议决,如袁世凯迫使清帝退位并赞成共和,即举其为大总统,孙中山在就职时也作过类似许诺,因此,孙中山第二天就向临时参议院提出辞呈,并推荐袁世凯担任临时大总统。但作为条件,孙中山等人主张一定要袁世凯离开北京到南京就职,以对袁进行一定的约束。而另一些革命党人却不以为然,双方为此争执不下,互不相让。在一次讨论中,有人提议,干脆让黄兴带兵北上,以迎袁为名,将北洋军消灭掉。宋教仁不赞成这样做,认为直隶、山东有北洋军重兵把守,革命军根本无法北上。他的话音刚落,同盟会元老马君武伸手就是一巴掌,打得他左眼流血不止。马君武一边动手打人,一边破口大骂宋教仁是在给袁世凯做说客，想出卖南京临时政府。宋以大局为重，委曲求全，忍让了下来。

马君武等人着实冤枉了宋教仁。革命党人在南北和议中允诺如清帝退位便让出临时大总统职位后，便开始考虑如何将袁世凯的权力限制在一定的法律范围之内，以确保民主共和制度不致遭到破坏。宋教仁和孙中山等人一样，对此也是绞尽了脑汁。最后，以孙中山为代表的资产阶级革命派，希望通过制定具有宪法性质的约法来防止袁世凯将来擅权专制。

在孙中山提议下，南京临时参议院2月初决定在《临时政府组织大纲》基础上拟定《临时约法》。2月7日，制定约法会议召开，宋教仁在讨论中坚决主张实行法国式的中央集权的责任内阁制。他认为，武昌起义以来，各省纷纷独立，当前必须改变中央政府大权旁落的状况，中央握有大权，国力才可以恢复振兴，否则将造成国家分裂。他还提出，约法应在袁世凯就任临时大总统之前公布于世。

经过30天的讨论和修改，3月8日，临时参议院经过三读，通过了《中华民国临时约法》。11日，孙中山以临时大总统的名义正式公布。其重要性，如《附则》中所言明："宪法未施行以前，本约法效力与宪法等。"

《临时约法》共分总则、人民、参议院、临时大总统副总统、国务员、法院、附则共7章52条，其核心内容是以国民革命的手段推翻作为恶劣政府之根本的清朝封建君主专制制度，代之以自由、平等、博爱的资产阶级民主共和制度。但它与《鄂州约法》一样，体现的并非"民主共和"的孙中山模式，而是以"自由共和"的宋教仁模式为理论框架。

《临时约法》以宪法形式规定了中华民国的国家性质，明确宣布中华民国是资产阶级的民主共和国。它规定："中华民国，由中华人民组织之"；"中华民国主权属于国民全体"。这就以根本大法的形式，把"主权在民"的基本原则确定下来，从而使中华民国具有了民主共和性质。主权在君还

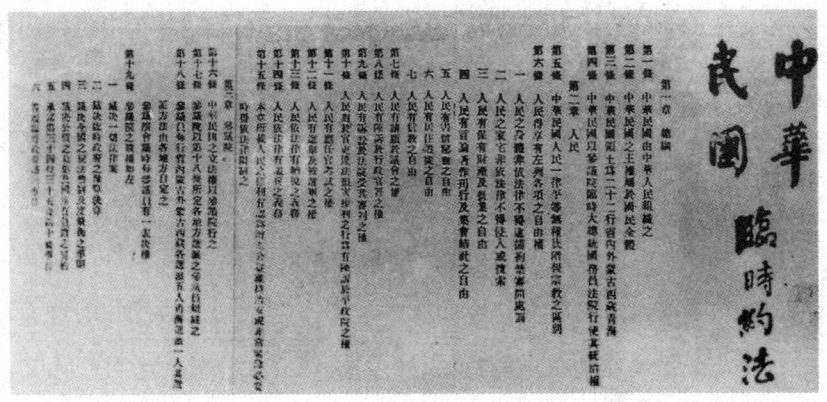

《中华民国临时约法》局部

是在民,是君主专制和民主共和政体的根本区别,这也是孙中山等革命派最关心的内容。起草约法时,孙中山的五权宪法、建国三序方略均已提出,却不被理解和接受。孙中山也不勉强,唯对民主共和十分强调,坚持必须将"中华民国主权属于国民全体"一条写入约法。

关于人民应享有的自由民主权利,《临时约法》也像西方资本主义国家的宪法一样,作出了明确规定:人民一律平等,享有人身、居住、财产、言论、出版、集会、结社、通信、信教等自由,拥有请愿、陈诉、考试、选举与被选举等权利,应尽纳税、兵役等义务。这些规定,体现了资产阶级革命派所标榜的民主精神,在中国历史上无疑具有划时代的意义。

关于国家政治体制,《临时约法》规定:中华民国以参议院、临时大总统、国务员、法院行使其统治权,并实行立法(参议院)、行政(临时大总统、副总统及国务员)、司法(法院)三权分立原则。立法制约行政,法官独立审判,不受上级官厅干涉。

《临时约法》与《临时政府组织大纲》相比,一个重要的特点是将总统制改为了责任内阁制。起草约法之初,仍是按照总统制进行设计的。但在2月上旬,南北和议即将告成,孙中山向袁世凯让出临时大总统之职的局势已定，革命党人便立即决定改总统制为内阁制，意在用责任内阁制约即将就职的临时大总统袁世凯。这一用意，湖南的一位参议员讲得十分清楚，他说："现在满清的君主专制，虽然已经推翻，但是我们把建设的事业，委托他们官僚，他们能够厉行我们党的主义，替人民谋福利吗？……尤其是就袁世凯的历史上说，他的政治人格，有好多令人难以信任的地方。他自小站练兵，戊戌政变，以至于今日南下作战与进行议和的过程，所有的行动，都是骑着两头马的行动。一旦大权在手，其野心可想而知。本席的意见，原是反对议和，主张革命彻底。只因民军的组织，太不健强，同志们的意见，不能不迁就议和。今天改选总统，把革命大业，让渡于一个老奸巨猾的官僚，这是我很痛心的事，也是我很不放心的事。……临时约法，这时还在讨论中，我们要防总统的独裁，必须赶紧将约法完成，并且照法国宪章，规定责任内阁制，要他于就职之时，立誓遵守约法。"应该说，在当时的临时参议院里，这种认识具有相当的普遍性。于是，在参议院2月9日审议临时约法草案时，便决定将原案中的总统制改为宋教仁所一直倡导的责任内阁制。这种改变，实际上成为一种"因人设法"之举。

宋教仁一心向往资产阶级自由共和政体，大力倡导责任内阁制，主要是效仿了法国的政治体制，即"参议院为最高之机关，而国务院为责任之主体"。在这种政治体制下，参议院作为中华民国国会的前身，在国会成立之前，暂时代理行使国会职权；而国务院作为对参议院负有连带责任的内阁，是执掌最高行政权力的主体，由参议院产生并受其监督；临时大总统则成为虚位的国家元首。

《临时约法》明确规定："中华民国之立法权，以参议院行之"；"参议院以国会成立之日解散，其职权由国会行之"。议长由参议员互选。参议员由地方按分配的名额选派，选举方法由地方自定，并非国民选举。当选资格限于年满25岁以上男子，被剥夺、停止公权者，吸食鸦片者及现役军人、行政、司法职员，无当选资格。这些规定从字面上看，并不妨碍劳动人民当选，但其当选方法决定了当选人员必然是地方实力派、当权派的代表。由这些人来行使立法权，必不能充分代表劳动人民的意志，但参议院行使国家立法权，毕竟对行政权力具有制约作用。也就是说，它能起到皇权主义政治权力结构中地主阶级在野派所能起到的那种制衡作用，且职权比《临时政府组织大纲》有所进一步扩大。主要体现在：立法权（议决一切法律及大总统制定的各种官制、官规）；同意权（承诺大总统提出的任命国务员、外交大使、公使及宣战、媾和、缔约、大赦等事项）；财政权（议决临时政府的预算、决算及全国的税法、币制、度量衡准则，募集公债及国库有负担的契约）；选举权（选举临时大总统与临时副总统）；弹劾权（弹劾临时大总统及国务员）；质问权（向国务员提出质问书，并要求其出席答复）；建议权（向政府提出关于法律及其他事件的建议）；受理人民请愿；答复临时政府咨询；咨请政府查办官吏纳贿违法事件，等等。参议院有权自行集会、开会、闭会，不受临时大总统支配。参议院议决的事情，由临时大总统公布施行，临时大总统提出复议时，如到会参议员 2/3 以上仍持前议，仍得由临时大总统公布施行。临时大总统受参议院弹劾后，由最高法院全体审判官互选 9 人，组织特别法庭审判。而参议员在院内可自由发表意见，其言论和表决，对院外不负责任，并且除现行犯及在内乱、外患方面犯有罪行外，会议期间不经参议院许可，参议员不受逮捕。

在责任内阁体制下，通常由议会产生内阁，并且由议会中占多数席位的一个政党或几个政党联合组成，对议会负责，受议会监督，议会可以通过决议议定其去留。当时中华民国的内阁称国务院，由国务总理和各部总长组成。《临时约法》规定：临时大总统代表临时政府总揽政务，国务员（国务总理及各部总长）辅佐临时大总统负其责任；临时大总统公布法律，发布命令，均须国务员副署，如国务员不同意即可驳回；国务员对参议院负责，其任免主要取决于参议院，临时大总统任命国务员要经参议院同意，国务员受参议院弹劾后，临时大总统应免其职。

为确保三权分立的制衡体制，《临时约法》还专设"法院"一章，赋予其独立的权力。该章规定："法院以临时大总统及司法总长分别任命之法官组织之。法院之编制及法官之资格，以法律定之。""法院依法律审判民事诉讼及刑事诉讼"，"法院之审判，须公开之"。"法官独立审判，不受上级官厅之干涉。"同时还修改了原《临时政府组织大纲》中大总统可以设立临时中央审判所的权力，从而使立法、行政、司法的三权分立体制落到了实处。

凡此种种，均清楚地表明责任内阁制下临时大总统的权力被大大削弱了。参议院对临时大总统的制约范围扩大，并增加了弹劾权，国务院对总统行使权力也有重要的制约作用，国家主要行政权在国务院而不在大总统。这样，临时大总统能独立行使的职权仅为：统率全国陆海军队；任命除国务员、外交大使、外交公使以外的文武官员；宣告戒严；接受外国大使、公使颁给勋章及其他荣誉；宣告特赦、减刑、复权等。其中以统率全国军队一项为最重。确立责任内阁制以后，如果同盟会能够在未来的国会中取得多数席位，进而以多数席位组成政党内阁，即可以掌握政府的实权，使袁世凯成为不负实际行政责任的虚位国家元首。但如果袁世凯动用暴力推翻内阁，不掌握军队且缺乏社会力量保证的内阁便一筹莫展了。因此，责任内阁制对于饱受封建专制荼毒多年的中国民众来说，只能是一幅绚丽无比的美妙图画而已。

但毕竟，《中华民国临时约法》是中国有史以来颁布的第一部具有比较完备形态的临时宪法，对于民主共和政体具有重要的奠基作用。尽管它是根据法国等资本主义国家"三权分立"、"代议政治"等原则制定的，然而与封建专制主义的集权体制相比，毕竟是一个历史的进步。尽管它存在着很大的局限性，但主导方面是革命的、民主的、进步的，集中体现了资产阶级的意志，反映了资产阶级的利益和愿望，开创了中国资产阶级民主政治的新局面，使民主共和的观念深入人心，从而代表了历史前进的大方向。因此，毛泽东曾评价说："民国元年的《中华民国临时约法》，在那个时期是一个比较好的东西；当然，是不完全的，有缺点的，是资产阶级性的，但它带有革命性、民主性。"总之，《中华民国临时约法》的颁布，标志着以议会政治为基础的宋教仁模式理论框架的最终确立，从法理上开创了民国初年分权主义政治的先河。

四、"宋教仁模式"之困

南京临时政府的成立，《中华民国临时约法》的制定，是中国资产阶级按照西方资产阶级共和国方案改造中国的一次政治尝试。然而，这一尝试，采用的并非主张"民主共和"的"孙中山模式"，而是主张"自由共和"的"宋教仁模式"。

需要说明的是，在资产阶级革命阵营中，"自由派"与"民主派"是既联合又对立的。究其根源，主要在于"自由"与"民主"是两个不同的政治概念，由此引申出来的"自由主义"与"民主主义"在理论界更是被严格区分开来。简言之，"自由"源于个人的自然性权利，而"民主"却源于多数自由人的社会性权利。"民主"即多数人的自由，有时会对"自由"即个人或少数人的自由形成限制。因此，在资产阶级的政治行为中，"自由"可以普遍适用，但"民主"却不具有普遍性，由此形成了追求个体人自然权利的"自由派"和追求多数人社会权利的"民主派"。

人类政治文明的实践表明，无论哪个阶级建立的何种形式的政治权力结构（即政体结构），都必须具有权力运作的授权来源和依据，类似于中国人常讲的"受命于天"的"天"。此外，在权力运作过程中，各种权力机构或派别力量之间还要有一定的政治规则可循，这一互相约定而成、共同认可遵守的政治规则，可称之为"法"。可见，"有天有法"的政治权力结构模式，才是政治设计的最佳选择。

数千年来，中国地主阶级皇权主义政体结构模式的运作，权力来源秉命于天，但运作规则并无约定，全凭皇帝集权专制，是为"有天无法"。民国初建，共和肇兴，皇权已逝，但地主阶级权力结构关系仍继续维持并运作，于是形成了"无天无法"的"袁世凯模式"——天子既去，是无天；权力运作并未遵循各派政治力量共同约定之规则，是无法。而资产阶级自由派所设定的体现分权主义结构关系的"宋教仁模式"，堪称"有法无天"——资产阶级政治权力的运作有着各派政治势力共同认可的规则即《临时约法》，是有法；而其权力运作的授权来源和依据，在共和政体下本应是民意，但民国创建之初，是由各省地方实力派组成的临时参议院暂行本应由民选产生的国会之职权，故其民意基础尚缺，是无天。只有资产阶级革命民主派所设想的"孙中山模式"，才是"有法有天"——"为纲有四"是为天，"其序有三"是为法。

1905年中国同盟会成立后，孙中山提出了"为纲有四，其序有三"的共和政体论，其中，"为纲有四"是国体，"其序有三"是政体。这是一种反映资产阶级革命民主主义国体内涵的"民主共和"政体，与资产阶级自由分权主义所倡导的议会式"自由共和"政体有所不同。

"创立民国"是同盟会四大纲领的首要一条，《同盟会宣言》在解释这条政纲时说："今者由平民革命以建国民政府，凡为国民皆平等以有参政权。大总统由国民共举。议会以国民公举之议员构成之，制定中华民国宪法，人人共守。敢有帝制自为者，天下共击之！"但这条解释没有规定总统和议会之间的统属关系，也没有规定进行公举的方式与时间，因而"创立民国"只是一种原则性的共和主张，至于如何实行，何时实行，只有等到"驱除鞑虏，恢复中华"这两条纲领实现后再行协商。"平均地权"是同盟会四大纲领中需在动员人民群众参加资产阶级革命并取得胜利后才能实施的一项纲领，而且与中国历代均平土地的主张在理论上很难区别，其核定天下地价、增价归于国家的实践手段又是那样闻所未闻，于是人们索性就将其理解为平分土地。这样一来，孙中山的民主共和主张，能够与其他各派政治力量的主张有所区别之处，就只剩下"其序有三"了。

"其序有三"的政体主张，就是"军法之治——约法之治——宪法之治"的建国程序三阶段论。只有经过军法之治时期，完成革命任务后，才能进入约法之治时期；约法之治时期的革命任务完成后，才能进入制定宪法、实行宪政的宪法之治时期。孙中山设想的时间顺序是军法之治3年，约法之治6年，共9年时间方可实现宪法之治。即使是到了宪政时期，孙中山设计的也不是自由分权主义的议会政治模式。也就是说，武昌起义后制定的《鄂州约法》与民国元年颁布的《临时约法》，虽具约法之名，但都不是孙中山所主张的那种共和政体。孙中山主张的军法之治时期的革命任务，是动员革命群众起来扫荡包括地主阶级占有土地的旧制度在内的一切污泥浊水，但孙中山又不主张无序性的革命行动，规定要在革命军政府领导下依序进行，故称军法之治。在实施军法之治、举行全国起义过程中，会出现群雄并立、各据一方的局面，但到一定时期必然要走向联合，从而进入约法之治时期，此一时期各地军政府的主要任务是训练人民进行地方自治，在此基础上，才能进而制定全国性的宪法。其约法之义，是要为革命进程制定规范，并不等同于革命结束以后才产生的宪法。因此，"孙中山模式"的民主共和，其实是一个革命过程，也就是"举政治革命、社会革命毕其功于一役"、实现"军法之治——约法之治——宪法之治"的完整过程。

"孙中山模式"的共和设计,是一种中国特色的资产阶级革命民主主义,它不相信革命群众的主动性和创造力,提倡的是一种处在全能革命组织指导下的民主主义。但它仍不失为一种真正的民主主义,因为它对被剥削压迫的人民群众特别是农民的悲惨命运,怀有真正的深切同情,与那些空谈自由与民主而对劳动群众的要求漠不关心的资产阶级自由主义者完全不同,后者所真正关心的,只是已经获得生存发展权利的资产阶级进一步取得发展的自由。因此,需不需要一个为期9年的"军法"、"约法"革命过程,以此作为制定宪法、实施宪政的民主主义基础,便成为当时革命党内以宋教仁为代表的资产阶级自由派与以孙中山为代表的革命民主派在公开行动中的最大分歧。

宋教仁是革命党内资产阶级自由派的典型代表人物,也是中部同盟会的主要决策者,武昌起义后《鄂州约法》的主要起草人,一直到《临时约法》的制定,在创建民国前后的政治运作过程中,他都始终是一个中心人物。宋教仁不仅提出并阐释了资产阶级自由分权主义议会政治的政治纲领,而且身体力行,不懈追求,人称"议会迷"。其所致力追求的资产阶级"自由共和"的政体模式,也可称为"宋教仁模式"。它与追求"民主共和"的"孙中山模式"的不同之处在于,主张越过资产阶级革命的必要阶段,缩短革命进程,尽快实行分权主义的宪法之治。由于没有经过摧毁旧制度的革命阶段,资产阶级自由派所宣称的民意基础便成为虚构,国民公举总统与议员也就成为地主阶级与旧官僚控制下的一场政治游戏。在这种情况下,宋教仁力图主导国会的运作,以国会领袖身份对地主阶级当权派进行政治指导和监控,充当"王者师"与"御史台"的角色。因此,他寄希望于袁世凯承认其总统权力来源于民意,而国会就是民意的体现,如果控制了国会,就能够控制袁世凯。

然而，袁世凯作为地主阶级自由化当权派的代表人物，可以承认一种虚构的民意为"天"，但不能接受一个权力大于皇权的政治实体——国会为"天"，更不能接受以革命道统设限立法的国民党国会领袖对其指导与监控，而仅由他负执行之责。《临时约法》规定的总统权力，并不能保证袁世凯提出的政纲或主张一定能够实现。因此，当矛盾无法解决时，他最终只能运用暴力手段，否则便只能屈从于对手。也就是说，只有掌握暴力的总统才具有真正的调控能力。后来袁世凯实行洪宪帝制，便是想将暴力与他的总统地位合而为一的一种尝试。由此，形成了将总统职位与暴力手段结合在一起以实现权力制衡与调控的"袁世凯模式"。这种模式，是皇权制衡主义事实上的延续，只不过是暴力取代了皇权的调控位置。

共和政体权力结构关系的"袁世凯模式"，既无民意可尊为"天"，也无约定的成法或规则可循，可以说是"无法无天"，但由于掌握了暴力机器，便可以呼风唤雨。共和政体权力结构关系的"宋教仁模式"，可以说是"有法无天"。资产阶级自由主义者在理论上是以民为"天"的，西方资产阶级议会政治之所以能够处于稳定状态，就是因为其经过了民主主义革命的洗礼，建立在牢固的民意基础之上。而"宋教仁模式"只有其"法"而无其"天"，民意基础的缺乏，使其成为一种虚幻性的政治设计。"孙中山模式"堪称"有法有天"，但由于其所设想的革命进程并未真正启动，这一模式也成为了空中楼阁，没有在民初共和政体的权力运作过程中发挥作用。在民国初年的政治运作中，真正起作用的是"袁世凯模式"与"宋教仁模式"的短暂联合，也就是地主阶级自由派与资产阶级自由派的共和行政，而非建立在坚实民意基础上的"民主共和"。

民国初年，"无法无天"与"有法无天"的共和行政，给劳动人民特别是农民带来了比皇权时代更大的痛苦与更深的灾难。因为地主阶级在这种共和中获得了更大的剥削自由，连年不断的内战又使人民负担不断增加，以至流离失所。同时北京民国政府对帝国主义特别是日本帝国主义所实行的屈辱性外交与依附性借助,也给民族的生存发展带来了新的危机。但是,资产阶级自由化运动却在这一时期得到了深化,因为民族资产阶级在第一次世界大战前后帝国主义无暇东顾的一段时间内,获得了空前的发展,国内政治环境也异常宽松。1914—1915年两年间,北京政府的财政收支不仅平衡,而且略有存余,为中国近代财政史所罕见。在此期间,资产阶级政治行动的自由度也是空前绝后的,言论自由、新闻自由基本不受干扰,集会结社、组织政党更是蔚然成风。胡适后来有过这样一种说法,认为北京民国政府时代是中国政治自由的一个黄金时代。因此不妨说,北京民国政府时代的军人独裁、军阀混战、政象混乱、人民痛苦、民族分离、国家软弱等现象,恰是中国特色资产阶级自由主义实践的一种属性。资产阶级自由化在资产阶级民主主义革命没有取得决定性胜利基础上获得的进展,就是以人民的痛苦与民族的灾难为代价的。在这种"无法无天"与"有法无天"的共和行政制度下,能给自由资产阶级带来好处的唯一保证,可能就在于"宋教仁模式"的那个"法"字上。当资产阶级自由派利益与地主阶级自由派利益可以统一,或者矛盾对立和对抗尚无须引进暴力来解决时,"宋教仁模式"中的"法"对地主阶级当权派还是具有一定约束力的。但当地主阶级自由派与资产阶级自由派的矛盾对立不能够用"法"来调和、解决时,当权的地主阶级自由派便运手中所掌握的暴力机器,对资产阶级自由派进行压制,迫其就范。于是,"有法无天"的"宋教仁模式"最终也只能是昙花一现,难掩其现实中的困境和虚幻性。

第六章
致力政党政治

改组同盟会

"唐宋内阁"危机

组建国民党

一、改组同盟会

民国初年政党的勃兴与分化组合，对这一时期的议会政治产生了重要影响。各党派、团体正是怀着他们的希冀，带着不同的政治主张，走向了国会的殿堂。面对这种造党运动，一心追求在中国实行议会政治的宋教仁该是如何思考，又该如何去做呢？

辛亥革命后，宋教仁等相当一部分同盟会员沉醉在胜利的幻觉之中。他们总以为破坏告终，建设开始，于是憧憬着一个独立、民主、繁荣、富强的新中国会奇迹般地出现。因此，热衷于尽快结束革命的武装斗争，急切地希望投身于议会政治的正常活动，发展实业，建设国家。他们虽然不能不多少考虑些如何应对变局等问题，但革命意志却愈来愈趋于消退。如上海都督陈其美"花天酒地，置军务于高阁"，武昌起义前被捕入狱的胡瑛"出狱后娶两妻，复吸食鸦片"，还模仿"旧官僚之声音笑貌以自矜"。凡此种种，加之党内人员复杂，"意见不相统属，议论歧为万途"的现象日益发展，直至演变成组织上的分裂。

民初党派勃兴的浪潮也猛烈冲击着同盟会，促使同盟会内的许多人，要求把同盟会从一个从事秘密武装暴动的革命党，改组为公开从事议会政治的政党。宋教仁就曾赞成张謇向孙中山提出的解散同盟会的要求，实际上是想清除党内强烈反袁的激进分子和会党成员，他甚至主张"选择同盟会中稳健分子，集为政党，变名更署，与同盟会分离"。

同盟会内的少数派坚决反对改组，胡汉民等人认为："革命之目的并未达到，让权袁氏，前途尤多危险，党中宜保存从来秘密工作而更推广之，不宜倾重合法的政治竞争而公开一切。"但多数人则认为："武装革命已告终了，应改为公开之党，从事于宪法国会之运动，立于代表国民监督政府之地位，不宜复带秘密之性质。"然而，就是这后一种意见，内部也不无分歧。曾一度以庶务干事代行总理职务的刘揆一，率先于1911年12月10日发表《布告政党请取消从前党会名义书》，提出"自今以后，务皆以提倡共和民国政体，组织中华民国政党为共同统一之宗旨"，凡从前所设立党会，应当一律取消，以化解歧见，致力新的目标，共建新功。随后，章太炎也在给谭人凤等人的电报中，公开要求同盟会改变秘密革命团体的性质，修改革命纲领，取消与立宪派的界限，与各政派分享政权，以达到所谓的"天下为公"。他甚至提出了"革命军起，革命党消"的口号，认为若"以一党组织政府"，则会导致"人心解体"。在这些人的影响下，宋教仁、张继、景耀月、陈其美、谭人凤等均持相同态度，宋教仁主持的同盟会机关报《民立报》甚至鼓吹说，只有解散同盟会，才能"救党派分歧之中国"。

然而，孙中山并不同意这些人的看法。他从国外回到上海后不久，就于12月30日召开本部临时会议。宋教仁也从南京赶来参加会议。会议讨论通过了《中国同盟会意见书》，严厉批判了"革命军起，革命党消"的口号，强调同盟会"必先自结合"，完全实现民族、民权、民生三大主义。同时郑重宣布：待民国成立、全局大定之后，再择日召开全体大会，改组同盟会为"最闳大之政党"，并将三民主义和新的章程公布天下。孙中山虽然赞成将同盟会改组为公开的政党，但不同意取消同盟会名称，也不赞成马上进行改组。之所以如此，据他自己讲，一是因为"中华民国成立之初，凡我同志，皆奔走国事，无暇顾及党事"；二是为了避免"一党专制"，他认为"政府之进步，在两党之切磋"，而"一党之专制，与君主之专制，其弊正复相等"。正因如此，孙中山坚持暂不将同盟会改组为议会政党，只赞同加以适当的整顿。

这次临时会议还讨论了组建临时政府的问题。对于临时政府采取何种体制，宋教仁与孙中山再次出现分歧。孙中山坚持资产阶级的民主主义立场，主张采取总统制，不设总理；宋教仁则从资产阶级的自由主义立场出发，主张采取内阁制，设总理。其实，无论是总统制还是内阁制，都是资产阶级专政下的两种政体形式，实质则完全一样。宋教仁最初也是主张实行总统制的，这在《组织全国会议团通知书》中说得很清楚："美利坚合众之制度，当为吾国他日之模范。"而他正是"组织全国会议团"的发起人之一。但在不久之后，他就变成了责任内阁制的坚决主张者，并为之奋斗终身。为什么会发生这样大的变化？

据宋教仁自己解释，不取总统制而取内阁制，是考虑到"内阁不善而可以更迭之，总统不善则无术更易之，如必欲更易之，必致摇动国本"。当时曾有人对他坚持这一主张产生了误会，认为是他想当总理。特别是章太炎发表文章提出"总理莫宜于宋教仁"之后，宋更加遭到人们的猜忌。其实，自辛亥革命爆发以来，关于宋教仁想当总理的说法就一直没有中断过，以致宋不得不一再为自己申辩。我们从宋教仁临终前几天公开发表的两篇文章中，可以清楚地了解到宋教仁对待权力的态度。

1913年3月12日，宋教仁在公开发表的《驳某当局者》一文中，堂堂正正地表达了自己的看法："今世人往往有可怪之心理，谓人欲为总统或总理或国务员，即目为有野心，咸非笑之，岂知国家既为民国，则国民自应负责任，有人欲进而为国服务，负责任，乃反以争权利目之，视民国之职务与君主时代官爵相等，致令人人有退让之虚文，视国事如不相关，岂非无识之甚乎？"

3月15日，宋教仁在《答匿名氏驳词》中再次重申："世人诬吾运动总理，由来已久。吾虽无其事，实不欲辨（辩），且因以自励，盖已久矣。""国家既为共和政治，则国民人人皆应负责任。"他还举例说："美国小学生立志欲为总统，传为佳话"，在中国立志当总理，也不应被视为恶事，如

宋教仁手书五言联"白眼观天下，丹心报国家"（作于1912年2月）

果有人"自信有能力愿为国家负最大之责任"，"则不妨当仁不让"，国家对此应予欢迎，世人也应"只问其有此能力与否，不能谓其不宜有此志"。"吾人惟自愧无此能力，固不欲当此大责任"，但对此志向"则不讳言"，且"因以自励，盖已久矣"，"深愿将来能当此责任"，同时也希望人人有此志向，报效国家。

上述两段话，清楚地表明了宋教仁作为一名杰出政治家对待权力的态度，道出了他要在中国建立责任内阁制的理想抱负。宋教仁一定要坚持责任内阁制，还有一层没有明确表达但可以从其行动上判断出来的用意，就是为了排除封建旧官僚在革命队伍内部的势力，使中央政府的实际权力掌握在资产阶级革命派手里。由于未能亲自领导武昌起义，致使大权落入旧官僚黎元洪之手，宋教仁一直悔恨不已。后来他极力劝说黄兴在南京开辟新局面，并在组织临时中央政府的初期积极策动推举黄兴为大元帅、黎元洪为副元帅，由自己任执政，目的都是削弱以黎元洪为代表的旧官僚的影响，挽回资产阶级革命派已经失去的权力。至于孙中山回国后，宋教仁依然坚持己见，一方面是他认为孙"长于议论，此盖元老之才，不应屈之以任职事"，更主要的还是此时已经内定，如果袁世凯赞成共和、促成清帝逊位，临时大总统的位子就要让给袁。而在宋教仁看来，袁世凯是一个"不学无术，其品更恶劣可鄙"的人，应当对这种人的权力严加限制，最好是通过内阁制使其成为虚位元首。显然，宋教仁对责任内阁制的作用给予了厚望。

孙中山主持召开的这次本部临时会议，就整顿同盟会来说，收到了一定的效果，使宋教仁、张继等人放弃了"变名更署"的意图，表示愿意继续留在同盟会内，但却未能使多数同盟会员接受他的主张。会后不久，在修改《临时政府组织大纲》时，宋教仁仍然坚持责任内阁制，因遭到多数人的反对才没有成功。将同盟会改组为议会党的风潮也未能平息，美洲旧金山同盟会员伍平一稍后便拟就《同盟会改组政党计划大纲》，函请孙中山和宋教仁等人趁南京政府成立之机，速集各省及海内外支部召开全体大会，"宣布改组政党，植势力于议会"，为实行三民主义做好准备。陈其美等人更是擅自主张将同盟会改组为"共和本党"、"军国党"、"共和党"等名称的政党。

在此情况下，同盟会本部于1912年1月在南京召开大会。会上，赞成与反对改组两派展开激烈争论，最后，赞成一派占了多数，通过了改组政党的决定，并将同盟会誓词修改为"推翻满清政府，巩固中华民国，实行民生主义"，同时以孙中山初掌国政、"不宜兼摄党事"为由，改选汪精卫为党的总理。但是，孙中山仍不赞成马上将同盟会改组为议会政党，汪精卫也不肯就任党的总理，因此，大会之后，具体的改组事宜并未进行下去。而此时，全国组党已成风起云涌之势，形势对同盟会越来越不利。立宪派、旧官僚利用组党之机，加紧联合非同盟会势力，"以摧陷同盟党"。加之袁世凯已就职北京，同盟会也须集结力量，以限制其行动不致越出宪政轨道。这些，促使孙中山等人深感同盟会"有重新团结之必要"，于是决定大力扩张组织，以成为"民国之一最大政党"。

3月3日，同盟会再次在南京召开本部全体大会，通过了新的《中国同盟会总章》，确定了"巩固中华民国，实行民生主义"的宗旨，并提出了新的政纲：

（1）完成行政统一，促进地方自治；

（2）实行种族同化；

（3）采用国家社会政策；

（4）普及义务教育；

（5）主张男女平权；

（6）励行征兵制度；

（7）整理财政，厘定税则；

（8）力谋国际平等；

（9）注重移民垦殖事业。这个政纲首先强调"完成行政统一"，就是举凡内务、外交、财务、军务、司法等行政大权，应统一于中央政府，各省行政均受中央行政统辖，以取得"心之使臂，臂之使指"之实效，才不致混乱无章、茫无次序。新政纲还近乎自相矛盾地提出"促进地方自治"，主张"于行政便宜上，划其行政权之一部分，让与地方之人，办地方之公益"。这其实表明了同盟会虽承认了袁世凯的领袖地位，但仍试图通过地方自治来保存和发展革命势力，以防止袁世凯专制独裁，危害民国。新政纲还明显地放弃了同盟会处于秘密时期提出的"平均地权"要求，表明其对农民土地问题更不重视，而是单纯地倾心于资产阶级议会政治，忽视了原来同盟会宣言中提出的"军法之治——约法之治——宪法之治"建国程序，希望一举实现"宪法之治"。放弃"平均地权"的主张，使同盟会在人民群众中的号召力大大降低。

这次全体大会选举孙中山为总理，黄兴、黎元洪为协理，宋教仁、胡汉民、汪精卫、马君武、居正、张继等人为本部干事。孙中山还指定宋教仁为政事部主任干事，汪精卫、张继为总务部主任干事。会上正式宣布同盟会改组为政党。会后，同盟会党势大张，"趋势者多归同盟会，一日两三千人"，"不数月间而会员增至十数万人，支部遍于十八行省"，成为名副其实的第一大党，为日后国会选举的胜利奠定了基础。

同盟会改组为公开政党不久，宋教仁便充当了实际领导人的角色。这主要是因为孙中山在4月宣布解除临时大总统职务后，主要精力放在了民生主义宣传方面；胡汉民返回广东任都督，也置党务于不顾；黄兴虽留守南京，但对党务工作是有名无实，后来本部迁回上海，他更无法协理党务；黎元洪名为协理，实则与同盟会持反对态度，不久即辞去协理职务，另组民社；汪精卫旋即出国留学，张继则醉心于组织社会党，对同盟会的党务也不感兴趣。因此，同盟会公开后的一切事务，实际均由宋教仁担负。此后不久，同盟会选举宋教仁为总务部主任干事，实际上担任了总干事职务。

已经担当重任的宋教仁踌躇满志，决心带领改组后的同盟会致力政党政治，在议会框架内开展合法活动，实现政治抱负。他说："以前，是旧的破坏时期；现在，是新的建设时期。以前，对于敌人，是拿出铁血的精神，同他们奋斗；现在，对于敌党，是拿出政治的见解，同他们奋斗。"提出要以"政治的见解"代替"铁血的精神"，表明宋教仁意欲集中党的力量，为实现议会政治而奋斗。

但令宋教仁始料不及的是，改组后的同盟会也暴露出不少弱点和局限，最主要的是，随着组织的发展，"一班官僚、政客及投机分子，纷来入党"，造成了组织上的严重不纯，以致"纯粹的革命党"成员大多"变成了官僚派"，同盟会精神也"由铁血主义一变而为权利主义"，大大减弱了革命性。孙中山回忆当时的情形说：武昌起义成功后，全国响应，"反对革命之人，均变为赞成革命之人"，这些旧官僚一方面参加革命党，一方面反破坏革命党，且此辈之数目，多于革命党不下数十倍，力量远远大于革命党。他不禁感叹道："中国的反革命派，聪明绝顶，不仅不逃避，反来加入，卒至破坏革命事业。"此外，还有一大批新加入同盟会的人，并不了解创党和革命的艰难，只是"势利所在，旦暮反复"，而且还排挤打击"同盟旧人"，致使一些老同盟会员消沉下去，无意于世事，有的甚至"因不满所期另组他党"。

因此，改组后的同盟会，内部意见分歧不断，始终没有形成一个能够率领全党为实现其政纲而进行有效斗争的坚强领导核心。同盟会虽为当时第一大党，但其革命性、战斗性和纯洁性却远不如秘密时期，孙中山因而认为其还称不上是一个"有组织、有纪律、能了解本身之职任与目的之政党"。在这种情况下，担负实际领导责任的宋教仁，却一心沉湎于西方式的议会政治，不顾当时严酷的斗争环境，急于凭借革命声势，掌握议会多数，运用政党政治，建立政党内阁，掌握最高行政权力。

对于改组后的同盟会的状况，宋教仁也是大失所望。他感叹道："同盟会分子复杂，本非政党组织，前此勉强改为政党，原非余之本意；且同盟会多有感情用事之举，尤非政党所宜出。"因此，他一度打算"另求同志，更组织一党"。后来虽然没有离开同盟会，但他始终想甩掉党内的激进派，按照自己的政治理想改组同盟会，使之放弃革命时的组织形式，适应议会政治的要求，成为一个从事议会活动的政党。

二、"唐宋内阁"危机

民国初年的政治结构，系根据《中华民国临时政府组织大纲》而建，行政首长有"统治全国之权"，可视为美国式的总统制，故内阁未设国务总理。北京政府成立后，袁世凯依《临时约法》"国务员辅佐大总统负其责任"之规定，废除总统制，改为内阁制，内阁总理遂成为各方关注的焦点。

还在南北和议之时，革命党人认为大总统一席既已让与袁世凯，那么总理一席就必须由同盟会员担任，再由总理提出阁员全体名单，请参议员投票选举。这显然包含着企图通过掌握内阁制政府而与袁世凯分掌政权的用心,自然遭到袁世凯的拒绝。袁的幕僚赵凤昌于是乘机提出建议:"新总统的第一任内阁,是新旧总统交替的一个桥梁,所以这国务总理必须是孙文和袁世凯两位新旧总统共同信任的人物。我以为只有少川先生(即唐绍仪)最为适当,只要孙、黄两先生不反对,我很想劝少川先生加入同盟会为会员,这就是双方兼顾的办法。"赵提出这一建议后,孙中山、黄兴同时鼓掌,表示欢迎唐绍仪入党,同时当即决定请唐担任国务总理,从而达成了成立"南北内阁"的折中协议。

唐绍仪(1860—1938),字少川,广东香山县(今中山市)人,商人家庭出身,幼年随父在上海学习外语和洋务。1874年赴美留学,回国后被清政府派往朝鲜办理税务。在此期间,颇受袁世凯赏识,调任其西文翻译。后来袁世凯在小站练兵时,徐世昌办总理营务处,唐绍仪担任了副手。袁任山东巡抚时,唐又以道员身份随往山东,办理外交,并总司商务局事务。袁任直隶总督时,奏称唐"才识卓越,谙练外交",请朝廷委以津海关道的重任。至光绪三十年(1904年),唐以津海关道奉旨以四品京堂候补,往西藏查办事件,袁奏留未准,自此唐在外交界崭露头角。袁世凯任外务部尚书兼军机大臣后,与唐关系更为密切。世人评曰:"袁与唐自朝鲜同患难,以至北洋为堂属,北京为同僚,故能如身使臂,如臂使指。"袁自己也说过,与唐"二十年深交,生死一意"。因此,在袁世凯看来,唐绍仪乃是他抵制革命党人担任内阁总理的最佳人选。由唐出任内阁总理,既可保证北洋集团的实际利益,又能缓和革命党人的对立情绪,即使唐加入同盟会,也不会脱离他的控制。

然而,后来事情的发展完全超出了袁世凯的意料。从参加南北和谈之时起,受过西方资产阶级文化熏陶的唐绍仪就受到了革命党人的影响,政治态度发生了变化,转而赞成民主共和制度,并认为如此就必须采取与同盟会合作的现实态度。这也是南方革命党人同意他在加入同盟会的前提下出任内阁总理的根本原因。

　　3月13日，经南京临时参议院同意，袁世凯正式任命唐绍仪为内阁总理。随后，袁世凯、黎元洪、孙中山三方面函电磋商阁员人选。孙中山推荐宋教仁和温宗尧担当总长之任，而袁世凯一度想委宋教仁为驻日大使，因各方面协商未妥，最后未能确定下来。15日，唐绍仪赴南京组阁。在此期间，他赞成南方的组阁方案，同意黄兴出任陆军总长，甚至在建都问题上，极力主张袁世凯南下就职。柏文蔚记述他在南京见到唐的情形说："唐自孙中山介绍加入同盟会后，对同盟会非常忠实，与余晤谈之下，知其已向孙中山先生建议，用政治手法来对付袁世凯。陆军总长问题，若北方不接受（黄兴），便使黄兴担任南京留守，掌握南方军事，保全实力，以待变化。并有调新成立之第三军军长王芝祥为直隶总督、余为山东都督计划。一个北方代表，能有此苦心孤诣之建议，可谓难能可贵矣。"唐绍仪的这些表现，当然令袁世凯大为不悦，也引起了袁的警惕。

　　3月29日，唐绍仪向南京临时参议院提出各部总长人选时，提名宋教仁任农林总长，指出他"虽非农林专门学校出身，但对于新学问甚有研究，而且能虚心办事"。结果，除交通总长梁如浩外，提名均获通过。30日，袁世凯正式任命各部总长。从表面来看，同盟会在内阁中占有四席，加之总理也挂名同盟会，内阁因此也被社会上视为同盟会内阁。但实际上，同盟会只分得四个闲职，仅陈其美据有沪督重权，但又始终未到北京就职。而袁世凯在这届内阁中，其心腹不仅掌握了关键性的军队、警察和内阁系统，并且还可以支配外交和海军，财政总长熊希龄虽与黄兴有交，辛亥革命后在南方投身革命阵营，其出任又受到黄的大力支持，黄对其也寄予殷切期望，但熊本人一贯的政治立场促使他很快就投入了袁的怀抱。

　　不过，由于唐绍仪在施政方针上同情同盟会的立场，使得这届内阁也

唐绍仪内阁合影
（左一位蔡元培，左二位宋教仁）

并非完全像袁世凯所设想的那样如意。当时，宋教仁正在上海，接到唐绍仪任命其为农林总长的电报后，于31日致电唐绍仪表示辞职不就，电文说："仁无政治经验，且农林非所素习，断难胜任。"4月1日，他在赶赴南京面陈己见之前，又致电唐绍仪，表明愿意"出使日本，寻求承认，事毕即回国，尽瘁党务，为政府声援"。到南京后，唐绍仪百般加以慰留，袁世凯也从北京来电说："以国务员经参议院同意，不啻国民公托，不可推辞。"宋教仁只好接受了这一职务。

4月20日，唐绍仪偕蔡元培、宋教仁等同盟会阁员到达北京。翌日，在总统府召开了由唐主持的第一次内阁会议，宣告内阁正式成立。会议决定，各部组织实行"新旧参用"的原则，兼顾了南北原各部人员。唐绍仪为表示"南北合作"，还提议"多用南方人"。但袁世凯明令各总长："官制虽改，断不能全换新手，仍当照前委托，或略更调而已。"内务总长赵秉钧更是公开宣称，他"于新知识毫无所得"，坚持该部全用北洋旧人，并屡以辞职相要挟，最后迫使唐绍仪同意"决不干涉部中用人之权"。结果，南方革命党人的力量在内阁政治权力结构中受到了进一步的排斥。

袁世凯与唐绍仪的矛盾也很快表面化。矛盾的实质，是共和政体的袁世凯模式与宋教仁模式之争，而焦点就在于对《临时约法》规定的责任内阁制权限的解释。

责任内阁制既为《临时约法》所规定，又是同盟会极力坚持的重要政治原则之一。经临时参议院依据《临时约法》通过的《国务院官制》，赋予内阁相当大的权力。例如《官制》规定：国务总理依其职权或特别责任得发院令，就所管事务对于地方长官得发训令及指令，并可停止或撤销地方长官所发违背法律或逾越权限的命令；临时大总统公布法律、发布教令及其他关于国务文书，须由国务总理或全体国务员抑或总理与有关国务员副署；法律案与教令案、预算决算案、预算外支出、军队编制、条约案、宣战媾和、简任官（即第一、二等高官）进退、各部权限争议等等，均应经国务会议，会议时以国务总理为议长。以上权限之中，副署权至关重要。因为这项规定意味着对总统公布的法律、发布的教令及其他国务文书，可以同意，也可以不同意，从而对袁世凯推行独裁统治形成极大限制。故此，时人评论《官制》所规定的国务总理权力，"范围非常广大"，若本此实行之，则能真正体现"内阁政治之精神"，并指出，国务总理职权中虽未明列"定大政方针"一项，但国务会议所议各项内容却已"尽举其实"。

除官制规定外，同盟会阁员从"非袁化"政治立场出发，也必欲以维护责任内阁制为要。因为他们清楚地认识到，同盟会的政治主张能否通过内阁得到贯彻，全在于能否排除袁世凯以总统职权对内阁责任制的干扰，这也直接关系到以《临时约法》为基础共和治国的宋教仁模式能否实现。宋教仁担任农林总长，非其所擅长，更非心中所愿，但为了顾全责任内阁制的大局，还是到任履职，不仅"对于当尽之职务莫不次第实行"，而且相继拟定了一整套发展农林的计划，努力使内阁成为一个"志同道合、行大决心、施大毅力、负大责任、排大困难"，"有系统、有秩序之政见"的名副其实的责任内阁。每次参加国务会议，宋教仁都积极发表政见，议论政策，"说话最多"。同盟会阁员蔡元培，同样为了维护责任内阁而竭诚出力，坚决主张"划清大总统及国务院权限"，反对"事事奉令承教于大总统"，并且提出国务院是个"定大计，负责任"的有机体组织，阁员不能随意单独行动，更不可"用阴谋，逞机智"等原则性意见。

在同盟会阁员的支持下，唐绍仪也试图负起内阁总理的重大责任，"事事咸恪遵约法"，"欲以'责任内阁制'，走上法制轨道"。国务院"每有要议，必就商于蔡、宋二君"。故此，当时舆论界将唐绍仪内阁称为"唐宋内阁"。对于袁世凯破坏《临时约法》的行为，唐绍仪也进行了一定程度的抵制，"依据约法拒绝副署，致不能为所欲为"。这使袁"深滋不悦"，"疑唐挟同盟会以自重，有独树一帜之意"。

袁世凯为插手内阁行政，维持"无法无天"的权力运作模式，首先将责任内阁制精神曲解为总统集权主义。他说："临时约法特设总理，大总统不负责任。以予观之，所谓不负责任者，亦有大小之区别。譬之商店，国民如东家也，大总统如领东也，国务员犹掌柜也。商业之计划，布置银钱货物之经理出入，固掌柜之责任，然苟掌柜不得其人，驯至商业失败，濒于破产，则领东不能不负其责，东家亦不能为领东宽。"同时，他千方百计地鼓动临时参议院缩小内阁权限。唐内阁成立不久，袁世凯就向临时参议院递交了对《国务院官制》和《各部官制通则》的修正案，要求将国务总理"承宣机宜，统一行政"的权限改为"保持行政之统一"；对于"国务总理必要时，得中止各部总长之命令处分"，以及各部总长"于各地方行政于必要时，亦得撤销或停止其命令处分"的规定，认为"必要"二字范围太广，应有一定明确规定，须限制为"只在违背法律、逾越权限时用之"，以免"滥用其停止或撤销之权"；对于各部简任、荐任官员，在分司以上者，任免权限属于大总统，分司以下者才由各部总长任免，等等。

对于上述第一条修正，临时参议院讨论时，议员彭允彝提出，不提"承宣机宜"而仅规定"保持行政之统一"，则内阁"政治上必不能活动"，且与《临时约法》所定责任内阁制原则相违背，因而主张改为"国务总理为国务院首领，定全国大政之方针"。但彭之用意未被多数议员所了解，加之出席临时参议院常会的政府委员们称，确定大政方针乃大总统权限，决不能属于国务总理，否则大总统何所事事？最终使得袁世凯的修正案得以通过。这样，袁就不仅取得了内阁各部分司以上官员的任免权，而且从法律条文解释上取消了内阁制定大政方针的权力。但仅此袁世凯仍不满足，又以种种手段加强对内阁的控制，如规定"财政军政大问题，皆直接由总统府处理，并不报告于国务会议"。又如，为控制财政大权，袁于内阁之外设财政委员会，规定其职责为"研究各项财政问题，以供政府之采择"。所谓"研究"，不过是先由其"筹备一切，始交财政部遵照办理"而已。因此，时人评论说："财政一项，则交通部、财政部与总统府是一是二，何人知之？"这样，袁世凯就将人事行政及财政决策权从内阁权限中分割了出来，据为己有。

除此之外，袁世凯还唆使其党羽赵秉钧、段祺瑞等人处处与内阁为难，讨论各项政策，也决然与同盟会阁员对立。到了后来，赵秉钧竟然发展到经常不出席国务会议，有关内务部公事，直接向袁世凯报告，对内阁采取了熟视无睹的态度。

在此情况下，唐绍仪并没有完全屈服于袁世凯的压力。在政府用人问题上，唐仍持"贵新不贵旧"的态度，非万不得已，"决不可延用旧人"。对于总统府的批文，唐认为不可行的，也即予驳回，甚至有时和袁争得面红耳赤。他总是说："责任内阁凡事要对国家负责，自己任总理也要对国家负责。"袁世凯往往因为理屈而无言以驳，便认为："唐挟国民党以自重，有独树一帜之意。"袁还经常讥讽唐说："少川，吾老矣，子其为总统。"5月初，袁、唐之间的冲突，终于以借款问题为导火线，公开爆发了。

早在清帝退位之前，英、美、法、德四国银行团就已在积极准备给袁世凯以财政支持。1912年2月清帝退位后，银行团向袁提供了垫款，作为财政上的支持，并规定待将来达成善后大借款协议后一并清偿。这样，银行团对华借款的性质，就从实业借款转为了政治借款。2月底，南京临时参议院和临时政府派蔡元培、宋教仁、汪精卫等赴京迎接袁世凯南下就职时，北京发生了兵变，银行团借口局势不稳，没有续付垫款，以此要挟袁保证除日、俄加入四国银行团外，不接洽别国任何重要借款，旨在垄断对华贷款的权力。

曾主持借款谈判的唐绍仪出任总理后，对银行团此举非常不满，声明"中国此后借款，皆自有选择之权"，并打算利用各财团之间的矛盾，实行独立的自由借款政策。3月12日，他与比利时华比银行达成了借款100万英镑（约合1000万元）的合同，并携500万元南下组阁，其中100万元资助了南京临时政府。银行团不能容忍唐绍仪的行为，联合出面向袁世凯提出抗议，又在唐回京后向其施加了强大压力，要求取消比国贷款，公开谢罪，继而又提出监督中国财政和军事开支等苛刻的借款条件。5月3日，唐绍仪在宋教仁等人的支持下，拒绝了银行团的无理要求，银行团愈加不满。袁世凯则认为唐损害了他与列强的关系，便改派财政总长熊希龄与银行团交涉。熊在谈判过程中，秉承袁世凯之旨意，只是同银行团作"单纯之磋商"，并事事妥协迁就，还将唐绍仪排挤出借款谈判的决策层之外。唐为此气愤地说："我之内阁，乃背包内阁，多任总理一日，即多负罪一日。"

起初，宋教仁还曾试图在内阁成员中居间调和。他认为内阁阁员如果不能团结合作，克服困难，就不能挽救中国的危势，因而在国务会议上表示："现在，各省有如封建，到处动乱，我们只有集中智慧，计划救国方案，加强中央政府的权力，整编军队，厉行救急的财政政策，努力去做，才能使中国统一，渡过难关，但这必须靠我们每一个人排除党见，和衷共济，才能够做到。"但经过一番努力，此举收效甚微。宋教仁由此得出新的认识：

不同党派，彼此攻击，政潮迭起，必有碍于发展国政。他认为现在由各党派组成的"混合内阁"不是好办法，应该由参议院多数党组织"政党内阁"，这样既可以得到参议院同党的支持，阁员的意见也容易统一，不会相互掣肘、一事无成；即使同党有不同意见，也不会闹到轻率辞职、引发内阁危机的地步。此后，这一认识便成为宋教仁为之毕生奋斗的政治理想。

"唐宋内阁"危机的显现，使早已对同盟会占有内阁半数席位而心怀不满的共和党与统一党看到了希望，两党乘此机会对唐绍仪内阁大加攻击，指责说："借款团之所以必求监督我中国财政者，由不信我政府耳，其所以不信我政府者，由南京所借此款约一千数百万，而其用途并未正式宣布。此次大借款，外人恐用途又不明了，不能不求监督。"共和党参议员李国珍更是公开在临时参议院责骂唐是"亡国总理"，斥其"致伤各国感情，不啻以国家为孤注，使中华民国几无存在之余地"，大有非推唐下台不可之势。实际上，"醉翁"之意并不在唐，其真实目的是打击同盟会。唐绍仪对此自然十分明了，他说：统一党、共和党"非反对我总理也，是反对同盟会也"。而同盟会阁员也已痛切地感受到，责任内阁绝无实现之希望，遂表示不愿做此"伴食之阁员"。在此情况下，唐绍仪也萌发了退意。

唐内阁屋漏偏逢连阴雨，借款风波尚未平息，又发生了王芝祥改委事件。王系南军第三军军长，委任其为直隶总督，原本是唐绍仪南下组阁时与同盟会达成的协议之一，并征得了袁世凯的同意，袁表示"王之为人，吾极赏识"，"使之督直甚好"。但书生出身的唐绍仪哪里知道这竟是袁世凯耍弄的把戏。5月初，唐电催王芝祥进京，并向直隶士绅转达了这一信息。然而当王到京后，袁又以"南军曾北伐，不可与相近"为借口，改委王为南方军宣慰使。而依《临时约法》，总统命令需总理副署方可生效，唐绍仪以改委王芝祥纯属无端失信为由，拒绝副署。不料袁世凯竟在6月15日把未经唐副署的委任状交付王，公开表现出对内阁权力的轻蔑。唐绍仪被迫于当日出走天津，旋即正式提出辞职，宋教仁等同盟会阁员也一并辞职。以唐绍仪、宋教仁为首的责任内阁仅仅艰难支撑了3个月，最终被袁世凯模式的权力运作所压垮。

"唐宋内阁"的垮台，激起了同盟会的强烈不满，严厉谴责袁世凯图谋"帝制自为"，"效拿破仑第一故事"。"此次之举动，非推翻同盟会之国务员也，直欲推翻此中华民国耳。"沪督陈其美公开致电袁世凯，质问其"唐总理固受逼而退矣，试问逼之者何心？继之者何人？"甚至还提出，如果此举对大局无害而有益，那么更换总统也是可以的。对此，袁采取了软硬兼施的策略，复电陈其美，反责其"误听浮言"，并以威胁口吻说：对于"幸灾乐祸之徒"，"鄙人受国民付托之重，一日未经卸责，即一日不能为壁上观"。同时，为平息风潮，安抚革命党人，袁世凯又发表"解释猜疑"的通电，信誓旦旦地重申："永远不使君主政体再见于中国。"他还邀请孙中山、黄兴进京，协助调和政治风波。

在此形势下，同盟会内的激进派虽欲举事，但又缺乏行动的力量。而稳健派则根本不赞成进行二次革命，他们告诫激进派："二次革命者，即自杀之代名词。"孙中山也认为"时局虽少混沌，然亦无大变动"，甚至天真地把唐绍仪内阁的垮台，看成是一个民主国家党派纷争的自然结果，只把事变的原因归咎于混合内阁形成的弊病，认为"此项内阁，本非政党，政见既不同，猜疑嫌忌，难以和衷共济"，遂使责任内阁"徒托空言"。张耀曾等人在代表同盟会与袁世凯会见时说得更为明确："唐内阁成立以来，一切政务不能看着进行，实因党派混杂，意见不一之故。盖非纯粹政党内阁，当然有此弊病。"因而，"此后欲图政治之进行，非采完全政党内阁不可"。就连猛烈抨击袁世凯的戴季陶，也认为唐内阁倒于党见混同，如果"纯为同盟会之内阁，则必不能有今日怪剧"，并得出结论：只有完全之政党内阁，才能平息政府内讧，挽救国家危亡，舍此别无他策。

以上足以说明，同盟会并没有从袁世凯破坏《临时约法》的行为中汲取应有的教训，也没有抓住事物的本质，没看清袁世凯把持权力早已堵塞了通往责任内阁的途径，而是把民主政治的实施和争取民主的手段等同起来，把民主的形式与民主的内容等同起来。因此，当民主政治遭到破坏的时候，他们不是把合法斗争和应变部署结合起来，而是企图进一步努力完善议会政治的形式，并对此充满了幻想，希望推出宋教仁来组阁。之所以如此，除了照搬西方资产阶级议会政治模式，企图通过建立政党内阁，加强对袁世凯的限制外，还源于过分相信本党完全有力量在议会中取得多数席位，组织一个完全的同盟会内阁，以推行其各项政策。正是基于这样的策略考虑，同盟会本部议决同盟会员准备退出政府，而且不得自由加入混合内阁，同时还议决"绝对主张政党内阁"，并充满信心地表示："本会但本从前革命精神极力做去，政党内阁主张终有达目的之一日也。"

唐绍仪辞职出走后，袁世凯令回国不久的外交总长陆徵祥暂行代理总理之职，并着手组织新内阁。其初步设想是："一切照旧，惟总理及一二国务员必不肯留者，略为更动可耳。"此时，同盟会已议决"绝对主张政党内阁"，否则拒不加入。袁世凯则以"政党方在萌芽"，"纯粹政党内阁尚难成立"，"不注意党派而专注人材"为名，坚决反对政党内阁。关于国务总理的人选，他先是瞩意徐世昌，因遭到同盟会和统一共和党的反对而作罢。恰逢明知自己组阁无望、又唯恐内阁落入同盟会之手的共和党提出"超然内阁"的主张，袁世凯便顺势搬出号称"旧史不书其恶，新党不隶其名"的"超然"人物陆徵祥来，于6月29日提请临时参议院任命。

同盟会本部见组建政党内阁无望，决心不再卷入混合内阁的纷争之中，而以在野党的地位监督政府，便于7月1日召开会议宣布："本日职员会议决，此次既系超然内阁，凡本会会员皆不得加入，务使本会主张先后一致，是为至要。"翌日，同盟会4阁员宋教仁、蔡元培、王宠惠、王正廷即向总统府提出辞职。袁世凯还想利用同盟会为其装点门面,请4人留任。宋教仁坚决主张政党内阁,绝不肯妥协参加,陆徵祥组阁也就一再拖延,直到7月16日,袁世凯才准许宋教仁等同盟会4位总长辞职。在此情况下,熊希龄、施肇基也不能安于其位,同日辞去所任总长职务,加之陈其美已先期解职,内阁彻底解体,必须重新组建。

总理陆徵祥虽于7月1日正式上任,但却不敢承担任何行政责任,遇有重要事情,均要到总统府办理,内阁成员的人选,更是完全听命于袁世凯。当时,除陆军、海军、内务、外交4部总长依旧外,尚须增补6位总长。袁世凯并不理会同盟会拒不入阁的声明,仍竭力延揽同盟会会员入阁,认为孙毓筠、胡瑛、沈秉堃3人既有同盟会籍,又"所持主义稳健",打算拉他们分别任教育、农林和工商总长。同盟会对袁此举深为反感,宋教仁主张凡是同盟会会员,若想加入陆内阁,即须自动解除党籍,以党纪贯彻主张。他还发表谈话,指责袁世凯此举全系一种逼奸政策,是想借此破坏同盟会关于政党内阁的主张,并特派魏宸组往见袁世凯表示反对。7月14日,同盟会本部召开会议,坚决反对同盟会员入阁,重申坚持独立的政治立场和以退为进的政治策略。袁世凯无奈,在致各省都督的行文中,称同盟会"党见甚坚,惟有付之太息",表示自己不顾"霜雪盈头,形神交瘁",仍勉为其难,希望国民谅解其组阁的困难。但袁仍不死心,除将胡瑛换成王人文外,执意要拉孙毓筠、沈秉堃入阁,同时谋取临时参议院内袁系党派的支持。共和党果然闻风而动,大造"以大总统信任之人组织内阁,各党不必干涉"的舆论,还极力游说统一共和党,许诺将支持该党参议员为国务员。在共和党的拉拢下,统一共和党为使该党的殷汝骊、谷钟秀、吴景濂等人入阁,便与共和党采取了完全一致的态度,从而使北京政府结束了内阁危机。但两党此举,也给同盟会限制袁世凯独裁的斗争,蒙上了一层党争的色彩。

1912年3月13日成立的"唐宋内阁",本是共和政体袁世凯模式下的理想安排。它保证了地主阶级自由派主政的当权地位，也保证了资产阶级自由派参政的独立地位。但由于出自地主阶级自由派阵营的内阁总理唐绍仪，逐渐向资产阶级自由派方面倾斜，造成了袁世凯模式权力结构失衡、宋教仁模式呼之欲出的迹象，于是共和行政仅90天后，唐绍仪内阁便走向解体，出现了6月15日至7月26日长达45天的政府危机。这在西方议会政治危机史上也足以成为一项世界纪录，在中国皇权政治史上更是前所未闻，因而引起政坛的广泛不安和对无政府现象的种种责难。

然而，无政府状态并不会真的出现，因为资产阶级自由派所看重的宪法层面的内阁危机，并不妨碍地主阶级当权派权力机构的运作。内阁危机显现、行政权力空缺带来的实际问题主要是：第一，地主阶级自由派与资产阶级自由派的共和行政还要不要继续；第二，资产阶级自由派参政的独立地位还要不要保持；第三，如果两者得兼，又应如何调控得当。这考验着共和政体的袁世凯模式，也考验着资产阶级自由派的政治独立意志。内阁危机的持久性表明，袁世凯无意运用独裁手段解决问题，资产阶级自由派也无意放弃自身的政治独立性。这场危机，最终以地主阶级自由派的当权地位不变，资产阶级自由派非袁政治联盟完全退居在野地位，从而保持了其政纲与行动独立性的方式得到解决，"无法无天"的袁世凯模式权力结构也得以延续下来。

三、组建国民党

宋教仁离开政坛之后，专心办理党务。他认为中国要想图存，必须组织一个强有力的政党内阁，而同盟会要想组织政党内阁，就必须在参议院以及将来的议会中占有绝对多数的席位。但当时的政治态势却对同盟会相当不利。是时，受控于袁世凯的共和党宣告成立，公开以反对同盟会为己任。

唐内阁垮台后，袁世凯任命陆徵祥为国务总理，加紧炮制所谓的"超然内阁"。同盟会的处境日渐窘迫，大有江河日下之势。

在这种情况下，同盟会主要领导人对政局发展趋势的判断及所持的态度并不完全一致。孙中山认为："中华民国成立，民族、民权两主义均达到，惟有民生主义尚未着手，今后吾人所当效力的，即在此事。""民国大局，此时无论何人执政，皆不能不大有设施。盖内力日竭，外患日逼，断非一时所能解决。若只从政治方面下药，必至日弃日纷，每况愈下而已。必先从根本下手，发展物力，使民生充裕，国势不摇，而政治乃能活动。弟刻欲舍政事，而专心致志于铁路之建设，于十年之中，筑二十万里之线。"也就是说，孙中山决意不再参与政治，而要以在野身份从事实业建设。黄兴在辞去南京留守府职务后，也同样认为："吾党从前纯带一种破坏性质，以后当纯带一种建设性质。"而宋教仁则主张以同盟会为基础，"对于他党之赞助本会者极力联络之"，组成一个"强大真正之政党"，在政治上继续同袁世凯较量，以"图政治手腕制胜"。

宋教仁认为，党派纷立不利于和平竞争，只有造成两大党对峙的局面，才"合于共和立宪国原则"。为了组成理想中的"强大真正之政党"，他从退出内阁、尽力党务以来，便积极主张并实际上成为改组同盟会的支持者。7月，宋教仁多次主持召开会议，讨论同盟会改组为一大政党问题。起初，多数会员表示反对，认为："现值各党竞争剧烈之时，本党着稍有动摇，恐他人利我改名而分势力，其危险有不堪设想者。"白逾桓、田桐等人反对尤甚，故宋教仁等人提出的改组方案没有通过。21日，同盟会召开夏季大会，多数会员仍不表同意，蔡元培还提出："不能舍己从人，决不能变更名称。"但由于宋教仁与赞成改组的孙毓筠、张耀曾分别当选为同盟会总务、财政、政事部主任，改组意见实际占了上风。此后，由于多数会员主要反对同盟会改变名称，而并不反对改组本身，所以宋教仁等人仍在继续进行改组工作。

对这一过程，记者黄远庸报道说："同盟会改组事，宋教仁、胡瑛、魏宸组、谭人凤、刘揆一、张耀曾、李肇甫等，主之最力，屡次会议，皆无结果。""昨十四（次）会议，又经提议，此事由魏宸组君主席，婉转陈词，略谓为淘汰流品及融合新旧起见，不能不有此一着"，"而白逾桓、田桐等数人，即痛陈同盟会系数十年流血而成，今日当以生命拥护此名与民国同休，奈何提及改组，声势激烈"。宋教仁利用居于领导地位的优势，一再说明改组为一大政党的必要性，指出：改组便于联合他党，扩张党势；改组还有利于竞选议员，争取国会多数席位，组织政党内阁。经过宋教仁等人的反复说服，同盟会终于决定实施改组。黄远庸对此评论：同盟会改组实系宋教仁"一人主持"，胡瑛、张耀曾、李肇甫、魏宸组等为之奔走运动，最终使"诸同盟会议员即亲附之，与之连名附于赞成改组之列"。

"改组事定"之后，宋教仁首先与蔡锷为首领的统一共和党谋求合并。该党由于在陆徵祥内阁风潮中摇摆不定，受到北洋势力和共和党的指责，便转而与同盟会取一致态度，主张政党内阁。但谈判中该党提出了变更同盟会名义、废去民生主义、改良内部组织等要求。宋教仁将此条件征得孙中山、黄兴同意后，由总部政事部主任张耀曾拟一组建国民党的草案，提供各党派联席代表会议讨论。8月5日，岑春煊为首领的上海国民公党得知这一消息后，也派代表到京表示愿意参加，除同意统一共和党三项条件外，还提出取消"男女平权"的要求。同盟会为了求得合并的成功，对于这些条件和要求，原则上一律加以接受，但坚持在政纲中保持"民生"字样。

8月7日，三党代表联席会议在北京召开。同盟会代表宋教仁、刘彦、汤漪、张耀曾、李肇甫，统一共和党代表殷汝骊、谷钟秀、彭允彝、马邻翼、王树声、张树森，国民公党代表虞熙、杨南生等出席了会议。讨论结果，定党名为国民党，将"采用民生政策"列为党纲内容之一，以理事会议为常设机关，合理安排各党派的领导人员。会议还推举宋教仁、张耀曾和国民公党代表杨南生起草宣言。同一天，在北京的国民共进会和共和实进会也派代表与会，同意加入合并。

8月10日，北京同盟会本部召开会议，宋教仁报告了联席会议的内容与合并条件，70余名与会者中的绝大多数赞成合并，但也仍有少数人反对。翌日，宋教仁再次召集各党代表开会，继续磋商合并组织的细节问题。这次会议上通过了组党宣言，并于13日发表。宣言称："吾中国同盟会、统一共和党、国民公党、国民共进会、共和实进会相与合并为一，舍其旧而新是谋"，"其名曰国民党"。不久，北京的全国联合进行会也加入进来，因而又称"六党合并"。与此同时，宋教仁还通过同盟会本部总务部向海外同盟会机关发出通告，"决定改组为国民党"。当时，海内外"同盟会员闻之，多有痛哭者"。为了安慰老同盟会员对原组织的深厚感情，拟设同盟会俱乐部于上海，"以安党员"，而广东的同盟会则直到翌年1月才更名。就实际情况而言，同盟会改组为国民党，纯系宋教仁主持的北京同盟会本部所谋划，并未征得国内外广大同盟会员的同意，改组的目的也完全是为了争取在临时参议院的多数派地位，以利于竞选国会议员和竞争组阁，完全是出于实行议会政治的需要。这与宋教仁的所一贯追求的理想是一致的。

8月25日，国民党在北京虎坊桥湖广会馆召开成立大会，正式宣告成立。同盟会代表宋教仁、统一共和党代表谷钟秀、国民公党代表虞熙、国民共进会代表徐谦、共和实进会代表许廉出席大会。这一天，到会者约3000余人。孙中山亲自到会发表演说，对合并组党表示支持。会议选举孙中山、黄兴、宋教仁、王宠惠、王人文、王芝祥、吴景濂等人为理事。

9月3日，宋教仁等7位理事函推孙中山为理事长，但孙因正忙于筹办铁路事宜，坚辞未就，转而委托宋教仁为代理理事长。这样，宋教仁就成为国民党实际上的党魁。

这里还有宋教仁被打的一段小插曲。国民党召开成立大会时，有一项议程是宣布新党章，宣布一条，说明一条。当说到新党章中规定不吸收女党员时，坐在台下的唐群英冲上主席台，揪住主持同盟会改组工作的宋教仁，结结实实地打了他一记耳光。唐群英是同盟会中的第一个女会员，与秋瑾相识，曾被孙中山誉为"创立民国的巾帼英雄"。面对这位女权运动领导人的愤怒之举，宋教仁无言以对，只好捂着面颊不断退避，非常狼狈。

国民党成立后，即发表《国民党宣言》和《国民党规约》，宣布以"巩固共和，实行平民政治"为宗旨，以"保持政治统一，发展地方自治，励行种族同化，采取民生政策，保持国际平和"为党纲，同时也明确提出了"政党政治"和"责任内阁"的主张。《宣言》指出：中国"既改国体为共和，变政体为立宪，然而共和立宪之国，其政治之中心势力，则不可不汇之于政党"。"共和立宪国者，法律上，国家之主权在国民全体"，"国民为国家之主人翁"，"是故政党在共和立宪国，自足以运用其国之政治；立宪国，实可谓直接发动其合成心力作用之主体，亦可谓为实际左右其统治权力之机关"。政党"苟具有巩固庞大之结合力，与有系统、有条理、真确不破之政见"，"自足以运用其国之政治，而贯彻国利民福之蕲响，进而组织政府，则成志同道合之政党内阁"。"大总统常立于超然地位，故政党不必争大总统"，而只在组织责任内阁，"吾党以求完全共和立宪政治为志者也"。

从国民党的政纲来看，较同盟会时期相比，其革命精神有所减退，妥协色彩更加浓厚。如党纲把"实行民生主义"改为含糊的"采用民生政策"，把"力谋国际平等"改为毫无斗争意义的"保持国际平和"，并且不顾女同盟会员的反对，取消了"男女平权"等条文主张。因此，来自统一共和党的吴景濂等人在致岑春煊的电文中非常得意地说，国民党"名虽合党，实系新造"，"同盟会牺牲一切，从我主张，尤为难得"。

但是，与当时所有的政党一样，单从党纲往往并不能完全反映它的真实意向。实际上，宋教仁改组同盟会既是从议会政治的长远目标着想，也是着眼于现实斗争的需要。如其所言：同盟会改组为国民党，一是"求组织一健全有力之国会"，一是"求组织一健全有力之政府"。他曾反复强调：国民党与同盟会所持态度与手段虽不相合，"然牺牲的进取精神则始终一贯，不能更易也"。有的同盟会员说得更为明确："当此时也，进步派人士苟不互相联络，互相结合，为一致之进行，则进步党之势力失，保守党之势力盛，共和之维持不可期，而少数人政治上之专横将复活矣。为维持国民公意，建设之共和计，并合主张进步之党为一，以谋政治上之统一，盖事实上所不容缓者。此国民党之所以成立也。"

此外，虽然宋教仁主持起草的国民党党纲放弃了"民生主义"的提法，但从它对"采用民生政策"的解释和党员坚持的实际内容来看，"民生政策"不过是"民生主义"的代名词。《国民党宣言》指出："采用民生政策"就是"以施行国家社会主义，保育国计民生，以国家权力，使一国经济之发达均衡而迅速"。宋教仁则直截了当地说：党纲第四条，"他党多讥为劫富济贫，此大误也。夫民生主义，在欲使贫者亦富。如能行之，即国家社会政策，不使富者愈富，贫者愈贫，致有劳动家与资本家之冲突也"。这表明国民党并没有真正废去民生主义。据此，可以说宋教仁主持将同盟会改组为国民党，既有迁就统一共和党等政团的要求实行妥协的一面，同时又充满了进取和斗争精神，或者说这种妥协之中具有一定的策略成分，目的是更有效地进行斗争。因此，不能以此对宋教仁进行过多的指责。

宋教仁

还值得一提的是，孙中山对宋教仁将同盟会改组为国民党之举，也是持赞成态度的。8月13日，国民党成立前夕，他与黄兴联名致电同盟会各支部，说各党所提条件"与本会宗旨毫不相背，又得此多数政团同心协力，将吾党素所怀抱者见诸实行，此非独同人之幸，亦民国前途之福"，要求各支部对改组一事"务求同意，以便正式发表"。电报还针对部分会员反对改名而强调说："同盟会成立之时，其命名本含有革命同盟会意义，共同初建，改为政党，同人提议变更名称者日益众，即此时而易之，可谓一举而两得矣。"孙中山还亲自出席了国民党的成立大会，他在演讲中说："合五大政党为一国民党，势力甚为伟大，以之促进民国政治之进行，当有莫大之效果。"他还指出："男女平权，本同盟会之党纲。此次欲组织坚强之大政党，既据五大党之政见，以此条可置为缓图，则吾人以国家为前提，自不得不暂从多数取决。"这都可以说明孙中山对同盟会改组为国民党的支持态度。故此，虽说宋教仁曾发表声明，称"此次国民党之合并成立，全出于孙、黄二公之发意，鄙人等不过执行之"，并不尽符合实际，但也并非事出无因。

然而，孙中山此时对同盟会改组为国民党，内心中还是充满矛盾的。其之所以赞成宋教仁之举，一方面是因为他也和许多革命党人一样，认为同盟会革命的目标已经达到，为了巩固共和国，非集合大多数人才，造成一大政党不可。如其所言："今则共和成立，我同盟会目的已达，并不能再言破坏。凡赞同共和者皆我良友，故须广为联合，以巩固共和；若仍坚持同盟会以前手段，是为守旧。故改组一事，今日为必要之事。"同时，孙中山也认为政党内阁可以代表民意，如果造成两党对峙，则又有利于相互竞争。所以，当宋教仁为实现"政党内阁"之愿，积极推动将同盟会改组为国民党时，他很自然地视为"时势所趋，不得不然"，甚至称"同盟会即国民党"。而另一方面，孙中山对同盟会的改组并不热心，因为他当时正专心致志于自己的铁路计划，"无暇顾及党务"，而且他从来认为单纯的政治斗争不可能会取得重大成果。因此，孙中山只愿做一个普通党员而坚辞理事长之职，采取了"于党事则一切不问，纯然放任"的态度，于是便委托宋教仁为代理理事长，使其成为了国民党实际上的领导者。

第七章
献身制宪运动

内阁政党化

争夺制宪权

壮志终难酬

一、内阁政党化

1912年8月，宋教仁成功改组同盟会，成立了国民党，并代理理事长，成为国民党实际上的领袖。国民党议决采取稳健态度，通过和平、合法的手段实现议会政治，与袁世凯争夺政权。

宋教仁、黄兴等人还施展纵横捭阖的政治手段，到处吸收党员，以求壮大行色。9月初黄兴到达北京后，竟当面劝说袁世凯加入国民党，并许诺若加入则可被推举为党的领袖。对于国民党的盛情相邀，袁世凯却不以为然，他对国民党参议柏文蔚解释说："诸位的党纲，我倒是很佩服，但要让各国务员全部是同党，我却以为大可不必呢。试想一国之间，政党甚多，入甲党，则乙党为敌；入乙党，则丙党为敌，纷纷扰扰，争吵不休，于国于民，又有甚好处呢？"袁世凯还将国民党争取他入党一事当成笑话告诉了杨度，戏言："假如他们不坚持责任内阁制，我也可以做革命党，你也可以做革命党。"见袁世凯不为所动，黄兴又邀请杨度入党，杨回答说："你们哪一天放弃责任内阁制，我就哪一天入你们的党。"黄兴还向袁世凯的另一心腹赵秉钧发出入党邀请。赵请示袁，袁令其加入，作为内线。

著名记者黄远庸（笔名远生）谈到民国初年各党极力发展组织的情景时说：由于各政党竞相拉拢和发展党员，在政客之间的谈话中，"党"字常常充斥其间，多得令人生厌，整个北京也几乎成为"党人党事之世界"；而在各政党之中，"国民党之拉诱党员本领极大，魄力极雄"。

经过一番努力，国民党在组织上不仅取得了极大发展，而且在北京临时参议院中也明显上升到多数派地位。据统计，国民党成立前，北京临时参议院议员中，同盟会籍议员30余人，共和党籍议员约40人；国民党成立后，该党籍议员增至54人，而共和党籍议员则降为38人。因此，宋教

宋教仁

仁曾满怀喜悦地写信告诉海外的同盟会会员说:"自斯而后,民国政党,唯我独大,共和党虽横,其能与我争乎?"

恰逢此时,内阁危机的重新显现,又使国民党人从中看到了走向政治权力中枢的希望。就在国民党正式宣告成立前5天即8月20日,内阁总理陆徵祥称病辞职。袁世凯一面指派心腹赵秉钧代理内阁总理,一面命令教育总长范源濂、工商总长刘揆一劝说宋教仁出任总理,但前提是其他阁员不动。宋教仁考虑到当时形势,不愿厕身于党派纷争的复杂政治旋涡,认为如果处理不当,将有碍于今后的进取。更重要的是,组织内阁,各国务员都应负有连带责任,如果只是更换一个总理,而阁员不动,各国务员就不能够做到一致行动,也就不能组成一个强有力的政府,这是与国民党关于组建政党内阁的主张大相径庭,因此宋教仁坚辞不就。

4天后,孙中山应袁世凯的邀请抵达北京,以调和各政党之间的分歧。当袁世凯向孙中山咨询内阁继任人选时,孙推荐了宋教仁。黄兴也从上海来电劝宋就任总理一职。但宋教仁不愿在阁员不动的情况下使自己坐到火炉之上，反过来却举荐黄兴出任总理。

宋教仁之所以举荐黄兴，是希望凭借黄的声望调和南北，维持政局。却说黄兴自1912年3月就任南京留守后即表示，留守一职是专为维持南方军队现状而暂设，自己就任此职，只是服从大局，一旦任务完成，仍要"归息林泉"，从而表明了退隐之意。此后，他又多次表示："将来政治竞争，但能以政见相折冲，不愿以武力相角逐。"在这种思想支配下，面对无法解决的财政困难和反对派的攻击，黄兴5月13日致电袁世凯，请求将自己解职。6月14日，他不顾同盟会人的反对，通电自行解职。

9月5日，黄兴应袁世凯之邀离沪北上，沿途宣称此行"以化除党见，统一精神为第一要义"，自己"定当调和一切，使我同胞无稍隔阂，和衷共济，以巩固民国基础"。11日，黄兴抵京后又提出要"以和缓手段，对待婴儿之政府"，要求各界"诸君须牺牲意见，共维大局"。

还在黄兴北上途中，宋教仁就前往天津迎候，并与黄兴、陈其美一起拜访了在野的唐绍仪，共同商量内阁总理人选问题。宋请唐向袁世凯全力推荐黄兴出任内阁总理。黄刚刚自行解职，岂肯再作冯妇、重涉政坛，因此坚决谢绝，表示只愿以发展实业为社会尽力。袁世凯早已了解黄兴的忠厚为人，于是趁势紧逼，请黄在赵秉钧和沈秉堃之间作一选择，但前提仍是阁员不动。沈秉堃曾任广西巡抚，辛亥革命时被推为广西都督，因受到副都督陆荣廷的排挤，以带兵援鄂名义离开桂林，在南京找到同乡黄兴，得任留守府高等顾问及国民捐督办之职，并加入同盟会。因此，黄兴有意借沈居中调停，一度考虑荐其出任总理。但沈秉堃并非陆徵祥那样容易驾驭，故不合袁世凯之意。宋教仁等人也认为沈虽挂名国民党，但与国民党关系毕竟不深，如搞不好，恐怕会对将来国会选举造成不良影响，而且其他阁员又不改组，国民党摆进一个光杆总理也无意义，故而也不愿接受这种政党内阁的空名，反倒不如遂了袁世凯的心愿，让赵秉钧由代理变为实任总理。黄兴根据党内意见，向袁提出：总理人选可任由袁自行决定，但为逐步实现政党内阁的政治体制，条件是要求总理和全体阁员加入国民党。对于要求阁员加入国民党这样的表面文章，袁世凯认为无碍大局，便应允下来。黄兴于是顺水推舟，改荐赵秉钧实任总理。

赵秉钧本系袁氏亲信，凡事只唯袁氏马首是瞻。就任总理后，他索性连国务会议也搬到总统府去开，以便袁世凯随时操控。赵秉钧虽然依当初商定的条件，加入了国民党，但根本不知政党为何物，如他自己所说："我本不晓得什么叫党，不过有许多人劝我进党，统一党也送什么党证来，共和党也送什么党证来，同盟会也送得来。我也有拆开来看的，也有搁开不理的，我何曾晓得什么党来？"据说，赵秉钧怀里就揣了8个党的党证。在这种情况下，赵秉钧和全体阁员加入国民党纯属一种表面文章，国民党要依靠这些人实现其政治主张，是根本不可能的，国务院已经完全成为附属于袁世凯的御用工具了。

9月22日，袁世凯向临时参议院提出任命赵秉钧为内阁总理。由于黄兴等人的极力疏通，24日，参议院以69票对2票的压倒多数通过。随后，黄兴又亲自出面游说内阁各国务员加入国民党，除教育总长范源濂、财政总长周学熙外，其余阁员皆加入了国民党，从而总算拼凑成了一个所谓的"国民党内阁"。孙中山高兴地赞扬了黄兴此举："今日内阁，已为国民党内阁，民党与政府之调和，可谓跻于成功。"袁世凯也大造舆论说："赵秉钧是国民党的党员，国民党所主张的政党内阁已经实现了。"而实际上，这个政党内阁"不驴不马，人多非笑之"。由于它完全处在袁世凯的控制之下，真正的国民党要员并没有入阁，因此时人评论这个临时现凑的政党内阁其实是"内阁政党"。因为它与国民党所追求的"政党内阁"迥然不同，民国元年国民党的"内阁政党化"，实际上表明前同盟会中的资产阶级自由派已与前清立宪派合流，进入袁世凯模式的权力结构之中，站到了这一权力结构关系中的在野派一边。袁氏利用"内阁政党"来为自己的统治出力，国民党则借此扩张党势。而地方上的一些旧官僚和保守派分子并不了解其中的内幕，误以为袁氏采取亲国民党路线，于是或投入国民党，或同情国民党，或不敢再与国民党为敌，这对其后国民党竞选国会议员产生了一定的影响。

事实证明，为袁世凯思想观念所熟悉并在政治实践中习惯运作的所谓"内阁制"，实际上是一种"幕僚内阁"，是具有地主阶级当权派属性的办事机构，这是清末地主阶级自由化以来，封疆大吏幕府的制度化。幕府制是地主阶级自由化政治的一种表现形式，既具有现代政治智囊的作用，也具有人治主义政治运作模式下培养和储备人才的作用。幕客既具有相对的人格独立性，也具有政治上的人身依附性。它滥觞于嘉庆道光年间，最盛于同治光绪两朝。曾国藩、李鸿章、张之洞、袁世凯门下都有这样一批招之即来、来则能用的幕僚人才。自资产阶级自由派实行"共和"行政以来，这些幕僚人才也在不断调整自己的观念与权力运作方式。唐绍仪本来也是袁世凯的幕府人才，不想却转向了资产阶级自由化。为了应对资产阶级自由派政治人格独立的要求，袁世凯搬出清客式人物陆徵祥出任内阁总理，以示超然政治纷争之外。而当袁世凯对政权的暴力调控见效后，便挤走陆徵祥，转而由鹰犬式人物赵秉钧组阁。其实，陆徵祥、赵秉钧都是典型的秉命办事的幕僚人员，只不过陆属于伴食性的俗吏，而赵则是鹰犬类的爪牙而已。

经过民国元年内阁危机的调控过程，袁世凯找到了一种与非袁资产阶级自由派合作的可行方式，即宋教仁模式为体、袁世凯模式为用的权力运作方式。国民党所致力追求的内阁政党化，在袁世凯看来，实际就是幕僚党化，是非袁资产阶级自由派势力进入袁世凯模式权力结构的一种现实途径。内阁政党化或曰幕僚党化，奠定了宋教仁模式为体、袁世凯模式为用的北京民国政府一代议会政治的基调。

二、争夺制宪权

1913年1月10日，袁世凯发布国会召集令，限当选的参、众两院议员，于3月之内齐集北京。伴随国会召开日期的临近，各派政治势力围绕权力分配的斗争愈趋白热化。

首先出现的争端是国会召开地点之争。早在1912年9月，革命党人尹仲材就著文鼓吹首届国会应当"自行召集并自行择定相当集会地点"，建议"先开预备会于上海，随即开成立会于南京"。同年底，尹仲材与何海鸣等鉴于临时参议院在北方受到军警干涉，就在上海发起"欢迎国会团"，欲移国会于南京，以保障国会言论自由。何海鸣在起草的《欢迎国会团宣言》中称："参议院北迁失败，陷于武力世界之旋涡中，故有今日之委靡不振，则将来正式国会之议员选齐后，当然自行集会于其他地点，庶得尽立法之职权，而组织最强固之宪法。"此议虽有附和者，却未受到党政要人的广泛支持。不仅袁世凯本人反对，亲袁的党派反对，国民党中也有人反对。如前安徽都督孙毓筠在致袁世凯和参议院的通电中说："所谓变更国会地点者，质言之，即是变更国都地点，欲假国会之力迫政府使必南迁而已。夫迁都之说，发生于南北统一之始，经国内大多数舆论反对，已无成立之余地，不意当国会选举之时，又有死灰复燃之势。""南北意见，自孙、黄入都后，渐已消融"，"而斯说一倡，徒令南北人心又生一种恶感，影响所及，大之则有全面分裂之扰，小之则启扰乱公安之渐"。孙毓筠通电一出，袁派都督立即响应，纷纷表示将对动摇国本、蛊惑人心者，以国法严惩之。就连以反袁著称的广东籍众议员邹鲁，也认为国会应与政府同设于一地，反对将国会移至南京。总之，大多数革命党人并不希望形成与袁世凯相对抗的政治局面，只希望按照议会民主的合法程序，进行政治斗争。故此，袁世凯明令于北京召集国会后，国会移设南京之议便销声匿迹了。

制宪权之争是国会召开前又一个备受关注的焦点。《临时约法》规定，中华民国宪法由国会制定，任何人不得干预。但袁世凯深知国民党已在国会中取得多数，如由国会全权制定宪法，必然于己不利，因此，他从1912年底开始，就千方百计地要将国会制宪权争夺到手。

与国会争夺制宪权，并非仅仅出于袁世凯的个人图谋，也来自居于地方各省当权派首脑地位的大多数都督们的倡议，反映了国家权力结构模式之争。最早公开反对国会制宪的是云南都督蔡锷，他认为议员"难保不偏重党见，趋于极端"，往往会掣肘行政首长履行职权，使政府失去活力。为此，他建议袁世凯"密召海内贤达"如梁启超、杨度等人，马上拟订宪法草案，再由他联合各省都督先期提出，以供各界研究讨论，从而收到"先入为主之效"；将来草案交国会议决时，如果袁认为议员所提主张"滞碍难行"，即可通电全国，他必与各省都督联名抗争，"务期达到拥护中央之目的"。袁世凯觉得蔡锷的主张过于直露，未敢采纳。

稍后，章士钊提出仿效美国1787年费城制宪会议的先例，由各省都督派遣代表，组织宪法起草委员会以制定宪法，目的是"搜集国中才智之士，以不偏不倚之论调为根本法造一间架，此中有不可不守之条件，即其人物必无偏党之心，而会员言论之独立又得充分保障"。他还策划由江苏都督程德全出面，征求各省都督响应。12月22日，程德全通电各省都督，建议"由各省都督联名呈请大总统向参议院提议，仿美国各州推举代表之例，由各省都督各举学高行修、识宏才富之士两人，一为本省者，一为非本省者，集为宪法起草委员会，草案既立，然后提交国会，再行议决"。程的倡议，得到了其他18省都督的赞同。四川都督胡景伊甚至主张由宪法起草委员会制定宪法，再由大总统公布，企图完全抛开国会。但鄂、湘、皖、浙四省都督对程电提出异议，国民党舆论界更是坚决反对行政权侵犯国会的制宪权。程德全于是折中各省都督意见，提出了编拟宪法委员会组织大纲，于1913年1月12日密电各省都督，征求同意。大纲共6条，核心内容是：本委员会专为拟定宪法草案而设，由国会推举8人，国务院推举2人，每省都督各选举2人（1人本省，1人非本省），省议院各选举1人，以3个月为度，委员到有2/3即行开会。得到多数都督同意后，程即于1月22日列19省都督衔，致电北京政府，正式提出制宪倡议。虽受到少数几省都督和国民党人的反对，但19省都督的联名倡议，反映出以省为单位的实力对比，预示着未来国民党人发动"二次革命"遭遇失败的不祥征兆。

袁世凯接到19省都督倡议电后，立即将大纲咨文交参议院审议，又于月末通电各都督："先各举二员来京，在此案未得参议院通过以前，暂作研究宪法委员，共同讨论宪法大旨。如将来此案得到参议院通过，即以此项人员作为编拟宪法草案委员。"于是，各省都督无论本心对此赞成与否，因"慑于大总统之命"，都分别推定了本省委员。

袁世凯争夺制宪权的目的，主要在于突破《临时约法》对他的束缚，强化总统的权力，削弱国会和内阁的权力。对此，袁世凯直言不讳。他在同谭人凤的谈话中表示：若"仍如约法上之所主张，则束缚政府必至一事不能着手"。故而，他企图通过宪法起草委员会，把"总统有解散国会权，国会无弹劾总统权"，"总理及各部总长由大总统简任，不交议院通过"等内容写入宪法。

对于袁世凯企图剥夺国会制宪权的做法，社会各界则反应强烈。在明确表示反对的鄂、湘、皖三省都督中，黎元洪最为突出，公开表示：作为民国立国基础的《临时约法》，规定了其在临时政府时期内具有等同宪法的效力，如果行政长官提议就可以变更，恐今后造成轻视宪法之习，因此，宪法应由国会起草并议决，委员起草会完全没有成立之必要。

国民党更是坚决反对，宋教仁多次发表演说，抨击袁氏此举。1913年2月，他在国民党上海交通部欢迎会上指出：宪法是共和政体的保障，制定宪法时如果受到外力干涉，造成不良宪法，共和政体也就不能成立。在南京的演说中，宋教仁更是明确表示：宪法应当由国会拟定，国会制宪权不容篡夺或干涉。

宪法起草委员会的最初策划者章士钊，见袁世凯的意图有严重的"偏党之嫌"，明显背离了自己"搜集国中才智之士，以不偏不倚之论调为根本法"的本意，便通电声明：各位宪法起草委员现已"无异都督之储音器，全失其位置"，在此情况下，倒"不如罢斥所举各员，由各都督电商一切重要问题，自行编拟，反为便捷"。该电实际上是宣布撤回了自己原来的主张。

3月3日，临时参议院开会审议袁世凯交议的《编拟宪法草案委员会大纲案》。国民党议员反对将此违背《临时约法》的议案交付审查，但民主党、共和党议员坚持审议。表决结果，议员多数不赞成付审，参议院遂将此案退回。制宪权之争至此告一段落。

制宪权关系到国家的政体大局，也关系到各党派的政治利益。国民党深知，若此权"一旦为袁氏私党所攘夺"，则将来制定的宪法必定成为"袁氏之宪法"。因此，如欲巩固民国之宪法，"必争其制定之权，使隶属于议会"。从这种利害关系出发，国民党不愿屈从于袁世凯，决心倚仗国会选举的胜利，贯彻自己的政治主张，推进议会政治。对此，国民党代理理事长宋教仁直言不讳："吾人则主张内阁制，以期造成议院政治者也。盖内阁不善可以更迭之，总统不善则无术变易之，如必欲变易之，必致动摇国本，此吾人所以不取总统制，而取内阁制也。欲取内阁制，则舍建立政党内阁而无他途，故吾人第一主张，即在内阁制也。"但此时的宋教仁，并无与袁

宋教仁

世凯决裂的想法，国民党的法律专家王宠惠也在着手草拟宪法，这反映出国民党人坚持法治立国的政治原则，把制定一部完善的、民主的宪法，视为决定国家兴亡的根本。

制宪权之争，反映了国民党与袁世凯围绕政权问题展开的激烈争夺，双方均不再满足于民国初年那种分享政权的状况，都各自提高了对政权的要求。伴随着国会召开日期的临近，双方决裂的趋势愈发明显，并且已经很难再找到重新进行权力分配的调和手段。

三、壮志终难酬

制宪权之争发生时，宋教仁虽极为关注，但人并不在北京。内阁危机解决后，他便于1912年10月下旬离京南下，一路向沿途各省党部布置国民党参加国会选举事宜，并顺道探望离别已有8年的母亲和妻子。

12月13日下午,他乘坐英国太古公司的轮船到达常德,在下南门码头登岸,起初下榻在五省客栈,常德商联得知消息后,将宋迎至武陵花园招待。第二天,常德各界在西路师范学堂举行盛大欢迎会,与会的有常德地方官员、社会名流、各界代表、在校学生、国民党员、共和党员等1000余人。宋教仁在会上发表演说,首先提议向武昌起义前夕牺牲的革命英雄刘复基和在常德起义中牺牲的杨任、余昭常、陈孝骞等烈士致哀。接着,他在演说中指责现政府无能,主张改组政府,实施责任内阁制,并号召大家要珍惜无数革命先烈流血牺牲换来的民主权利,投好票,选好代表,勿受他人干扰。

演说完毕,国民党员梅景鸿问宋教仁:袁世凯原为清朝大臣,我们把民国总统交给他能放心吗?他笑着回答说:实行了责任内阁制,行政权力在内阁,不在总统,总统就成了虚位元首,有何不放心呢?又有人问:袁世凯凭借武力,不遵守宪法怎么办?他哈哈大笑道:这就看我们自己怎么办。现在是民主,宪法是人民选举出来的代表制定的。他不遵守,说明他自己与人民为敌,就等于自掘坟墓。我们就可以不要他,甚至可以打倒他,必要时,我们还可来个二次革命。有人说袁世凯有武力,可以做中国的华盛顿,亦可以做中国的拿破仑,此话不假。如果他能做中国的华盛顿,则我人民幸福,他自己也幸福,存亡取决于他一念之间。当时宋教仁踌躇满志,笑容可掬。由于思乡心切,归心似箭,当天下午,他便坐轿赶回桃源老家。

10天后,宋教仁回程途中又来到常德。此时,常德正在进行基层选举。武陵县石板滩区的唐景仁(共和党员)利用人民的无知和没文化,凭借自己的家族和地方势力,扣发了一部分选票,还另组织爪牙代人写票(那时还不知道用钱物拉票),结果都写上了"唐景仁"。其竞选对手李某当场揭露其弊。唐唆使人打伤了李某。李族人把李抬到县里来告状,县长认为事关选举,将此事交给选举站处理。戴展诚(共和党员)是选举站的主持人，不愿得罪人，正左右为难，恰巧宋教仁到来，戴便请他调解。宋严正地说：无论是国民党，还是共和党，以及任何个人，舞弊就是违反了选举法，当宣布作废。姓唐的伤人应赔礼道歉，还要负责诊好！此举受到众人一致好评。

不久，各地陆续传来了国民党在国会选举中初选告捷的消息，国民党几乎在各个选区都取得了压倒性的胜利。到3月份大选揭晓时，在参、众两院共870个席位中，国民党占有392席（在参议院的274个席位中占123席，在众议院的596个席位中占269席，如果包括跨党分子在内，总席位将近500席），占总议席的45%，而共和、统一、民主三党合计仅得223席。国民党议员席位虽然没有过半，但在国会中已经成为居于多数党地位的第一大党。这一选举结果，对于国民党在制定宪法、选举总统、任命总理、组织内阁、通过法律等方面发挥作用，自然都会产生重大影响。因此，捷报频传令宋教仁兴奋不已，准备立即返京组阁。在他看来，其理想中的议会政治、政党内阁已是指日可待了。

1913年1月4日，宋教仁匆匆告别亲人乡里，乘轮船离开常德赶赴长沙。当时送行的人看到他身边只有四五个随从，而且都是徒手，就提醒他："谨防肖小、亡命之徒。"宋教仁笑道："生死在天。我扪心自问，生平无一私仇，诸位好意我领受了。"谁料，两个月后，他就被人所暗杀。

1月8日，宋教仁途经长沙时指出："今民国虽成立，然破坏未极，人心上之旧习未能乘势革除，譬犹疮毒尚存，遽投以生机之药，必不能痊愈也。""为今之计，须亟组织完善政府，欲政府完善，须有政党内阁，今国民党即处此地位，选举事若得势力，自然成一国民党政府。"

离开长沙，宋教仁又先后到了武汉、九江、上海、杭州和南京，所到之处，都受到热烈隆重的欢迎。他也多次发表演说，阐发国民党的性质、任务和政治主张，猛烈抨击袁世凯政府的腐败无能，鼓励革命党人继续奋斗，组织国民党内阁，实行议会政治，以实现真正的民主共和。宋教仁还进一步提出，为充分发挥责任内阁的作用，可以选举"最为愚呆脆弱之黎元洪"当总统，但决不能选举强势的袁世凯。出于组阁需要，他还准备约请湖南都督、国民党员谭延闿出任新内阁的内务总长。

2月1日，宋教仁在武汉发表演说："世界上的民主国家，政治的权威是集中于国会的。在国会里头，占得大多数议席的党，才是有政治权威的党，所以我们此时要致力于选举运动。我们要停止一切运动，来专注于选举运动。选举是竞争，是公开的，光明正大的，用不着避甚么嫌疑，讲甚么客气的。我们要在国会里头，获得过半数以上的议席，进而在朝，就可以组成一党的责任内阁；退而在野，也可以严密地监督政府，使它有所惮而不敢妄为，应该为的，也使他有所惮而不敢不为。那么，我们的主义和政纲，就可以求其贯彻了。"

在武汉期间，宋教仁还见到了时任长江巡阅使的老友谭人凤。谭认为："国民党中人物，袁之最忌者推宋教仁。"因而劝他："责任内阁现时难望成功，劝权养晦，无急于觊觎总理。"谭人凤还当面向宋教仁告知了一个极为可疑的情况，嘱他一定注意戒备。宋教仁回答："戒备之说，前在湖南亦有以此言相勖者，实则蛇影杯弓之事也，请勿虑。""惟责任内阁实应时势之必要，未便变其主张也。"此时的宋教仁，仍毫无戒备之心。没想到，这竟成为他们的最后一面。

2月19日，宋教仁在上海发表演说时，谈到了对未来政治体制的设想："夫政府分三部，司法可不必言，行政则为国务院及各省官厅，立法则为国会，而国会初开第一件事，则为宪法。宪法者，共和政体之保障也。中国为共和政体与否，当视诸将来之宪法而定。使制定宪法时为外力所干涉，成为居心叵测者将他说变更共和精义，以造成不良宪法，则共和政体不能成立。使得良宪法矣，然其初亦不过一纸条文，而要在施行之效力，使亦受外力牵制，于宪法施行上生种种障碍，则其共和政体亦不能成立。此吾党所最宜注意，而不能放弃其责任者也。讨论宪法、行政、立法、司法三权应如何分配，中央与地方之关系及权限应如何规定，是皆当依法理，据事实，以极细密心思研究者。"

2月23日，宋教仁在杭州再次阐发关于政党政治的主张："民国虽已底定，然百事不能满意，……其于财政外交国民生计丝毫未有端倪，凡为国民，能不赧然？总之，政策不良，国民以建设政府为入手，建设政府全借政党才识。若其他政党有建树之能力，则本党乐观成局，倘或放弃，则本党当尽力图维，此皆吾国民党员所应共负。"

3月9日，宋教仁在南京发表演说："现正式国会将成立，听纷争之最要点为总统问题，宪法问题，地方问题。总统当为不负责任，由国务院负责，内阁制之精神，实为共和国之良好制也。国务院宜以完全政党组织之，混合、超然诸内阁之弊，既已发露，毋庸赘述。宪法问题，当然属于国会自订，毋庸纷扰。地方问题，则分其权之种类，而为中央、地方之区别，如外交、军政、司法、国家财政、国家产业及工程，自为中央集权，若教育、路政、卫生、地方之财政、工程、产业等，自属于地方分权，若警政等，自属于国家委任地方之权。凡此大纲既定，地方问题自迎刃而解。惟道府制，即观察使等官制，实为最腐败官制，万不能听其存在。"

以上言论，真实地反映了宋教仁关于议会政治的思想，受到了各地党人的关注。

3月10日，宋教仁到达上海。在沪期间，他又一连发表了几次演说，并连日与国民党其他领导人会商党务，踌躇满志地为组阁做一系列积极的准备。他还为国民党起草了一份政见宣言，系统提出了组织政党内阁、实现议会政治的主张，并"拟至京时与本部议决后公布天下"。这份《代草国民党之大政见》，是最能全面反映宋教仁议会政治思想的重要文献。

在政体方面,《代草国民党之大政见》提出了五大主张:一是主张国家结构形式上的单一制而非联邦制;二是主张政权组织形式上的责任内阁制,由政党组织内阁,使总统处于无责任之地位;三是主张省行政长官的产生,由革命初起时期的民选制逐步转向历来所行之委任制,以防地方主义泛滥;四是鉴于中国地方辽阔,各省情形各异,主张对单一制下中央独掌立法权的情况略作变通,省作成地方自治行政团体,拥有行政立法权,但不得与中央立法相抵触;五是主张变更《临时约法》关于国务员须得参议院同意之规定,由众议院推出国务总理,其他国务员则由总理组织,不需国会同意。

在政策方面,《代草国民党之大政见》也提出了九项主张:一是主张整理军政,方法是划分军区,统一军制,裁汰冗兵,兴军事教育,扩充兵工厂;二是主张划分中央与地方行政,重在地方自治而地方分权,中央行政权突出政务性质与便宜,而地方行政中,官治行政以中央法令委任地方行之,自治行政由地方自行立法行之;三是主张整理财政,方法是励行会计制度,统一国库,设立中央银行,整理公债,划定国费与地方自治经费,划定国税和地方税,改良币制,仍以银币为国币,渐期达于能行金本位之时代;四是主张整理行政,方法是划分中央与地方官之权限,汰冗员,并闲署,励行官吏考试制度,惩戒官吏失职;五是主张开发产业,方法是兴办国有山林,兴修水利,放垦荒地,振兴矿业,奖励仿造洋货工业和输出品商业;六是主张振兴民政,方法是整顿警察,励行卫生,厘正礼俗,调查户口,地方自治;七是主张兴办国有交通业,方法是急办国有铁道,整理扩充电信,兴办海外航业,整理铁路会计并兴办交通银行等;八是主张振兴教育,内容包括法政教育、工商教育、中学教育、中小学师范教育、女子教育;九是主张运用外交,方针是联络素日对我国亲厚之国家,维持列强对我国所持之主义,从而专心一意于内政之整理。

《代草国民党之大政见》是宋教仁欲在中国实行资产阶级议会政治的宣言书，充分表达了国民党人的愿望和决心，但也严重威胁着北洋军阀的统治。袁世凯曾对杨度表示："以暴动手段夺取政权尚易应付，以合法手段取得政权，置总统于无权无勇之地，却厉害多了。"袁世凯的亲信、曾任其管家的袁乃宽也在致袁世凯表弟张镇芳的一封信函中说："目下最讨厌者，即宋教仁一人。"

在此情况下，坚持独裁的袁世凯绝不肯容忍其权力受到任何威胁。据蔡寄鸥的《鄂州血史》一书中记载，袁曾对杨度说：无论是天真的黄兴，还是襟怀豁达的孙中山，都好对付，"顶难驾驭的，只有一个宋教仁"，因为"以暴动手段，来抢夺政权，我倒不怕；以合法的手段，来争取政权，却厉害得多了"。因此，当初宋教仁离京南下之时，袁世凯就预感到形势将对其不利，欲拉拢宋，派心腹赵秉钧送去50万银元的交通银行支票。宋教仁临行前将其原封退回，没有接受。宋奇璋在《关于祖父宋教仁的几件事》中提到，袁世凯还曾给宋介绍过一个年轻美貌的夫人，也被他拒绝了。袁世凯知道宋教仁绝非高官厚禄所能收买，便指使部下对宋严密监视和百般恐吓，甚至暗萌杀意。

当黑手正暗暗伸向自己的时候，书生气十足的宋教仁却认为，至少在正式国会召开前，袁世凯还不敢公然撕毁约法，与国民党为敌。他说：对国民党获得选举胜利，袁世凯"一定忌得很，一定要钩心斗角，设法来破坏我们，陷害我们，我们要警惕，但是我们也不必惧怯。他不久的将来，容或有撕毁约法、背叛民国的时候。我认为那个时候正是他自掘坟墓、自取灭亡的时候。到了那个地步，我们再起来革命不迟"。当有人劝宋教仁防备袁世凯下毒手时，他也不肯相信，声言："吾一生光明磊落，平生无夙怨无私仇，光天化日之政客竞争，安有此种卑劣残忍之手段；吾意异党及官僚中人未必有此，此特谣言耳，岂以此懈吾责任心哉！"

3月间，南方各省北上之国民党议员已经陆续抵达上海，讨论在国会中应采取的政治方针。除孙中山正率马君武、戴季陶等人在日本考察工商铁路等情况外，其他领袖人物黄兴、唐绍仪、宋教仁、王宠惠、陈其美等均与会。当时一切筹划工作，皆由宋教仁主持。宋教仁主张：先定宪法，后选总统；既不能因人以法迁就之，也不能因人以法束缚之；待制定完善的共和政体宪法、产生有力的政党内阁后，人民的权利就会得到保障，此后一切政治活动，"先问诸法，然后问诸人"，国民党亦当依此方针进行活动。在宋教仁主导下，会议确定了制宪方针，议定先制定宪法然后再选举总统，总统由参议院选举，国务总理由众议院选举，并以"勿为武力屈，勿为金钱靡，勿为权位动"三事，告诫即将北上就职的国民党籍国会议员们。

　　这时，宋教仁收到了袁世凯要他进京议事的电报。宋作为国民党代理理事长，在国会选举后变成了国会中的多数党领袖，即将成为责任内阁的总理，负有组阁重任，于是便决定20日乘火车北上赴京议事。有人建议他坐轮船从海路走，可他嫌轮船慢，坚持乘火车。临行前，他到民立报社同友人告别，徐血儿说："先生此行，责任甚重，顾宵小多欲不利于先生，恐前途有不测之险危，愿先生慎重防卫。"宋教仁感慨回答："无妨，吾此行统一全局，调和南北，正正堂堂，何足畏惧。国家之事，虽有危害，仍当并力赴之。"言辞间正气凛然，表现了一位卓越革命家的恢弘气度。然而，徐血儿的临别警示却不幸言中了。

　　1913年3月20日晚10时许，满怀政治抱负启程赴京组织国民党内阁的宋教仁一行，和送行的人们来到上海沪宁车站（即老北站，现上海铁路博物馆），准备登车北上。此时车站上已有专供议员使用的接待室，一行人就在接待室中休息。10时45分，一行人离开休息室登车。黄兴、宋教仁、廖仲恺等人鱼贯而行。走至车站入口的检票处，宋刚伸出手去拿检票员检过的车票，突然一声枪响，随后便是第二声、第三声。只见宋教仁摇晃了一下，便倒在旁边的一张铁椅子上，说道："吾中枪矣。"话音未落，一个身穿黑呢军装的矮汉从人群中窜逃而去。后经查明，此人就是应桂馨指使的凶徒武士英。

宋教仁遇刺后，前来送行的于右任立即跑到车站外找来一辆汽车，与黄兴等人将宋扶到车上，令司机开快车来到车站附近的沪宁铁路医院。宋在汽车上时神志还很清楚，用手把于右任的头拉到胸口，喘息着断续地托付了三件事：（一）所有在南京、北京和东京的存书，全部捐给南京图书馆；（二）自己家中很穷，老母尚在，死后请各位代为照料；（三）请各位继续奋斗救国，勿以仁一人为念而放弃责任。

黄兴、于右任等人把宋教仁送至铁路医院后，立即要求医师会诊急救。医师会诊后认为宋伤势很重，于当晚12时30分将其送入手术室。医师用钳子从宋教仁小腹中取出子弹，才发现子弹是带毒的。也正因如此，宋教仁虽然流血不多，但却十分痛苦，呻吟辗转，凄苦万状。

手术之后，宋教仁的情况没有好转，大小便中出血严重。他自知伤重难愈，便请黄兴代笔，致电袁世凯，表明自己平生"束身自爱"，"从未结怨于私人"，从政以来"重人道，守公理，不敢有一毫权利之见存"；"今国基未固，民福不增，遽而撒手，死有余恨"；希望袁"开诚心，布公道，竭力保障民权"，使国家真正拥有"确定不拔之宪法"，则自己"虽死之日，

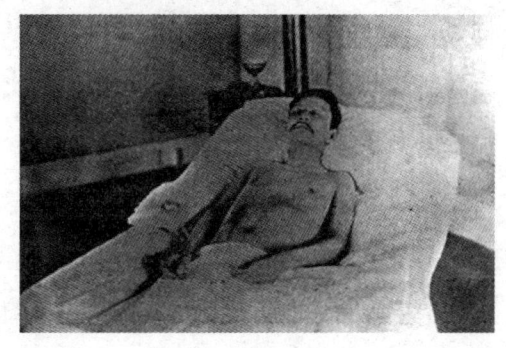

宋教仁赤身伤痕遗照

宋教仁正装礼服遗照

犹生之年"。

21日下午，宋教仁再次被送进手术室，延至22日凌晨4时48分，终因伤势过重不幸去世，年仅31岁。临终前，他还在叹息："我调和南北之苦心，世人不谅，死不瞑目矣！"

宋教仁为了实现中国的民主宪政，流尽了最后一滴血，献出了青春和生命，可谓喋血共和，光昭日月。

宋教仁去世后，国民党上海交通部发布通告说："本党代理理事长宋先生之丧，各党员缠黑纱志哀。"23日午后3时大殓，陈其美亲自替亡友去买棺材，花了200银元，同时请了相馆的人来给宋教仁的遗体拍照。拍照时，黄兴主张让宋衣冠整齐，以符合其平生的光明正大，范鹤仙则认为宋教仁被刺杀事关重大，不可不留下历史性的照片，因此必须把身上的伤痕也摄下来。于是，就拍了两张照片，一张是赤身伤痕照，一张是正装礼服照。

宋案发生时，孙中山正在访日。3月22日，孙中山惊闻宋教仁噩耗，立即中止访问，准备动身回国。3月25日，孙中山返抵上海，亲致挽联：

"作民权保障,谁非后死者;为宪法流血,公真第一人。"对这位辛亥革命时期杰出的爱国者和卓越的革命家、政治家,中国民主共和事业的奠基者给予了高度评价。

袁世凯听到宋教仁遇刺后的态度则非常耐人寻味。著名记者黄远庸(远生)在4月2日上海《时报》的《春云初展之政局》一文中记述说:袁世凯于3月21日得到宋教仁被刺的消息,大为惊诧。22日午后4时,袁世凯午睡后刚刚起床,秘书等人就来告知宋教仁逝世的消息。袁世凯愕然地问:"有此事乎?"他立即命人拿电报来。看过黄兴等人发来的电报后,袁愕然说:"确矣,这是怎么好!国民党失去宋遁初,少了一个大主脑,以后越难说话。"

还有一则回忆说,章士钊的夫人吴弱男家与袁家是故交,宋案发生后的一天,章士钊正与袁世凯一起吃饭。当宋教仁临终时致袁世凯的电文递交到袁手中时,袁叹息道:"遁初可惜,早知如此,何必当初?"接下来,袁在言谈之中甚至认为是黄兴为了争当国务总理而暗杀了宋教仁。章士钊闻罢愤怒不已,不辞而别。

宋教仁血案的发生,震惊了全国。举国关注之下,案子很快就被破获了。宋教仁遇刺3天后,古董字画商王阿发到英租界捕房报案,声称一周前因卖字画曾去上海青帮大佬应夔丞(又名应桂馨)家中,应当时拿出一张照片,说愿出酬金1000元将照片上的人刺死,当时王阿发没有答应。宋案发生后,王阿发见各报刊所登宋教仁的照片正是应夔丞给他照片上的那个人,所以赶紧前来报案。几乎与此同时,警方在上海沪宁车站附近有一个小旅馆也发现了凶手的线索。这家旅馆在案发前就住进了一位客人,好久也不付钱。老板娘一再催要,他总是说:"我的钱快到了,到时一次付清。"宋案发生后,这位房客把老板娘请到屋里结了欠账。当时,巡警方为了查明宋案,要求每个旅店都申报行迹可疑之人,老板娘就向巡警反映:"我馆一客,

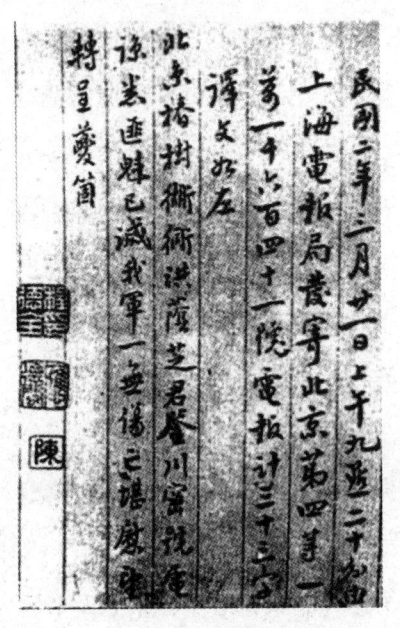 

行刺后凶手发往北京的电报　　　赵秉钧和应夔丞来往电报

好久不付房钱，昨天忽然有很多的钱，结账之外，还有不少。这人可疑。"警方于是顺藤摸瓜，在案发第三天的3月23日晚抓捕了宋案主使人应夔丞，24日晨又在上海公共租界抓住了凶手武士英（原名吴福铭）。接着在应夔丞的家里搜出了其与内务部秘书洪述祖及国务总理赵秉钧的往来电报和信件。

4月11日，上海会审公堂将应夔丞、武士英移交上海地方检查厅。然而，24日这天，凶手武士英竟在狱中神秘暴毙。

4月26日，江苏都督程德全、江苏民政长应德闳通电全国，把宋案证据公之于世。证据表明，在上海直接指挥武士英行刺的，就是青帮出身、被袁世凯委以江苏驻沪巡查总长之职的应夔丞，而提供经费并通过电报、信件往来在背后指使这次行动的，则是国务总理赵秉钧的机要秘书洪述祖。

转年1月19日，脱狱后的应夔丞在京津火车上被军政执法处侦探长郝占一派人杀死。一时间，南北报纸纷纷攻讦，都认为赵秉钧是主谋。赵冤枉之余，感到兔死狐悲，为应夔丞鸣不平，径自发电通缉凶犯，并对袁世凯多有抱怨，称"以后还有谁肯为总统做事"。2月19日，袁世凯令已递辞呈避嫌的赵秉钧兼署直隶民政长，以示安抚，同时派人买通赵秉钧的厨师，在食物中投毒。2月26日，赵秉钧七窍流血暴卒于天津督署内。

武士英、应夔丞、赵秉钧先后被人灭口，唯有洪述祖在袁世凯的关照之下，一直逍遥法外。四五年后的一日，洪述祖在上海黄浦江边偶遇宋教仁的长子宋振吕，被认出并扭送到上海地方法院，后被押解到北京。1919年，在袁世凯已经死去3年后，法院在继任总统黎元洪的授意下，判处洪述祖死刑。在执行绞刑时，由于行刑者第一次使用刚从德国购进的绞刑架，操作不太熟练，加之洪述祖过于肥胖，脖颈支持不住身体的重量，头部竟被扯断下来，尸身落地，鲜血直喷。这也是中华民国刑法史上首次执行绞刑。

长期逍遥法外的洪述祖最终也难逃法律的制裁，但他背后的指使人究竟是谁？当时成为民国的一大悬案，至今在史学界还有争论。

一个重大嫌疑人是袁世凯。应夔丞在3月12日给洪述祖的密信中说："若不去宋，非特生出无穷是非，恐大局为扰乱。"第二天，洪给应回复密电说："毁宋酬勋位，相度机宜，妥筹办理。"虽然从往来的电文中，还看不出是赵秉钧授意洪述祖派人暗杀了宋教仁，更查不出袁世凯在幕后指使的任何证据。但是，即使暗杀行动的幕后主使人不是袁世凯，或者袁世凯没有明确授意手下人除掉宋教仁，我们从赵秉钧、洪述祖、应夔丞等人都是袁的心腹，平日对袁世凯之意多有揣摩来看，袁无论如何都难辞其咎，逃脱不了干系。

另一个重大嫌疑人是陈其美。陈其美搞暗杀如食生菜，身上命案累累，前有陶成章，后有徐宝山、夏瑞芳、郑汝成等等。早年在留学日本学习军事的时候，陈其美加入了同盟会，并结识了黄兴、宋教仁、汪精卫、胡汉民等人。陈其美同宋案凶手应夔丞、武士英等都是共进社成员。武士英是在上海模范监狱里神秘死亡的，当时看守武士英的沪军61团是国民党人黄郛的部队，而陈其美、黄郛和蒋介石则是拜把子兄弟，这一切不禁使人开始怀疑上了陈其美。

应夔丞更是陈其美的密友，两人关系非同一般。反清时代，陈其美经常在应家留宿，关系非同一般。辛亥革命后，应夔丞担任陈其美沪军都督府的谍报科长。孙中山回到上海后，应夔丞又被陈其美派去负责接待和保卫。孙中山在南京就任临时大总统时，即由应夔丞组织卫队，随行护卫。但陈其美身上江湖气、流氓气太重，当上孙中山的卫队长后，起初对前来拜访孙的亲朋故友还比较客气，但后来人来得多了，他就看人下菜、区别对待，有时还对客人恶语相向。孙中山见他不适合这种工作，于是将他改调临时政府庶务长。但应夔丞又在日常工作中有贪贿行为，因此孙中山在临时政府即将解散时，将他打发回了上海。1912年6月，上海青帮、洪门和公口联合建立名为"中华国民共进会"的准政党组织，应夔丞在陈其美的鼎力扶持下，战胜了比他有名的多个青帮大佬，当选为会长。8月，在武昌革命党人试图发动南湖马队暴动推翻黎元洪时，应夔丞也代表共进会参与其中，后来因事败而被通缉，仓皇逃回上海。经多方运动，最后由江苏都督程德全为之疏通，注销了通缉令，并电荐他到中央政府工作。应夔丞到北京后，很快就见风使舵，投靠了袁世凯集团，加入了洪述祖一派，并被委任为江苏驻沪巡查总长。

正是由于陈其美和宋案凶手应夔丞、武士英之间的上述特殊关系，宋案发生后，当时就传出了一种说法——陈其美嫉妒宋教仁即将出任内阁总理，于是就密谋杀害了宋。梁启超在同年3月27日写给女儿梁思顺的信中，就认为宋案"真主使者，陈其美也"。而实际上，陈其美在宋教仁之后继任国民党理事，就是宋临终时留下的遗嘱。相隔30年后的1942年10月

位于今上海闸北公园内的宋教仁墓

12日,陈其美的侄儿陈果夫在重庆中山学社演讲时还提及此事,称陈其美当时听到谣言说是他主使刺宋后,便立即找到替他做情报工作的上海电报局局长吴佩璜迅即查明凶手,结果3个小时就从往来电报中找到了蛛丝马迹。但是,陈其美此举仍未能使谣言平息下来。尽管陈其美和宋教仁交情深厚,宋被刺时,陈就在其身边,事后表现也可圈可点,但由于确实存在种种疑点,因此直到今天,仍有人认为陈其美是刺杀宋教仁的主谋。

1913年4月13日,宋教仁逝世后的第三周,国民党人在上海举行追悼大会,前来为宋教仁致哀者竟然达2万余人。4月25日,谭人凤等请求政府为宋教仁铸像并开设公园,以资纪念。1914年6月,公园(今闸北公园)建成,地址就在宋教仁遇难处不远,人们往往称其为宋园。宋教仁遗体迁入墓地的当天,前来送葬者达数万人,谭人凤、王惠宠、居正、章太炎等国民党要人及社会名流也都纷纷赶来参加葬礼。

宋教仁墓寝坐北朝南,近似正方形,四周砌有24根圆头方柱,连成石

 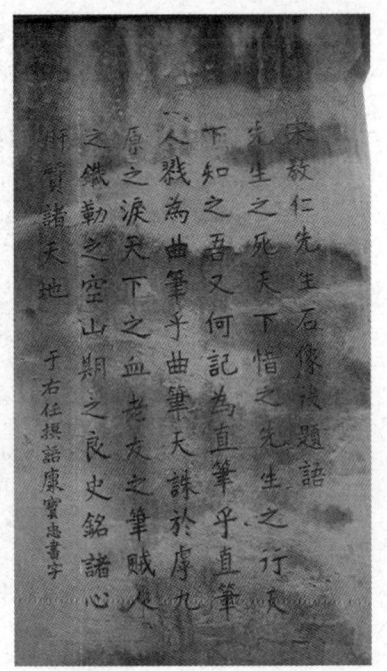

宋教仁像及章太炎所写篆文"渔父"　　　　于右任为宋教仁像所撰题语

栏。墓前立有孙中山手书"宋教仁先生之墓"的石碑，墓顶塑一展翅雄鹰，象征革命先烈的凌云之志。墓区正中，雕有宋教仁西装坐姿石像，作沉思状，其神态仿佛仍在思考着中国的未来。雕像下的石座刻有章太炎阳篆"渔父"二字，以及于右任撰写的题语：

先生之死，天下惜之；先生之行，天下知之。吾又何记？为直笔乎，直笔人戮；为曲笔乎，曲笔天诛。于乎（注：同"呜呼"）九原之泪，天下之血；老友之笔，贼人之铁；勒之空山，期之良史；铭诸心肝，质诸天地！

宋教仁遇害故去后，其妻方氏常年居住在家乡湖南桃源，依靠中华民国国民政府颁发的抚恤金和爱国人士的捐款安顿生活。其独子宋振吕在上海求学期间，方氏每逢暑假即前往探子。宋振吕毕业后曾留学日本，1934年随行欧洲司法考察后，曾服务于中华民国监察院审计部，1936年心脏病突发逝世，年仅36岁。独子病逝后，宋妻方氏生活顿时失去重心，一人在桃源转徙流离，孤苦伶仃。1950年，周恩来代表中国共产党中央委员会和中华人民共和国中央人民政府政务院，为宋振吕之妻叶惠英亲笔签发证明，追认宋教仁为革命烈士。

结 束 语

　　1913年4月8日,中华民国第一届国会在北京新落成的众议院议场举行开幕典礼。议员到会者682人,其中众议员503人,参议员179人,占议员总额870人的78%。国务总理赵秉钧、外交总长陆徵祥、陆军总长段祺瑞、海军总长刘冠雄、司法总长许世英、农林总长陈振先、交通总长朱启钤、总统府秘书长梁士诒等皆列席。另有中外观礼代表1000余人。上午11时,筹备国会事务局委员顾鳌宣布典礼开始,拱卫军鸣礼炮108响

中华民国第一届国会举行开幕典礼

以致敬。随后，筹备国会事务局委员长施愚报告国会召集经过，又公推议员中年事最高的云南参议员杨琼为临时主席。杨就席后，首先委托筹备参议院事务处筹备事务员林长民代行宣读开会词，继请袁世凯特派代表、总统府秘书长梁士诒登台致贺。梁士诒代袁致辞说："我中华民国第一次国会正式成立，此实四千余年历史上莫大之光荣，四万万人亿万年之幸福。世凯亦国民一分子，当与诸君子同深庆幸。"并高呼："中华民国万岁！民国国会万岁！"

尽管国会如期召开，但却早已驶出了资产阶级议会政治的轨道。宋教仁被暗杀，已在客观上宣告了资产阶级议会政治的幻灭，南方国民党人同袁世凯集团的矛盾也已公开激化，最终导致"二次革命"的爆发。

议会政治又称"代议政治"，本是17世纪以来欧美国家广为采用的一种资产阶级专政手段，鸦片战争后才传入中国。在这种政治体制下，国会是国家法统的象征，也是最高权力机构，政府的产生均须由国会同意并受其制约，这也是民国元年《临时约法》的核心所在。

中华民国北京政府时期，是中国唯一一个实行过议会政治而又没有行得通的时期。出现这一政治局面的原因，主要是由于，在辛亥革命的猛烈冲击下，军阀若想以武力合法支配国家政治，一时难以办到，除控制国会外尚无其他途径；各派反对军阀或想依附军阀获取利益的政治势力，也多以争夺国会席位为实现政治意图的手段。故而，以国会角力为目的的议会型政党林立朝野，派系纷呈。

中华民国北京政府时期，还是中国议会政党政治表现最活跃、最充分的时期。因为它既延续了封建社会朋党之争的政治传统，也反映着清末民初新兴资产阶级自由派对近代法治的追求与渴望，同时也存在着资产阶级革命民主派的一些策略性的政治行为，故此构成了民国初年"党争无序化"的奇特政治现象。而致力追求有"法"的政党政治的宋教仁，就成了这种无序化党争的牺牲品。

宋教仁作为中国资产阶级民主革命的领导人之一，曾立志"要使吾中华民国，雄飞大地，西凌乎欧美，而东驾乎瀛海扶桑"。如何实现这一宏愿，他选择的途径是以政党政治为基础的资产阶级议会制度。在他看来，只有实现了政党政治，才能根据约法发挥议会和责任内阁的作用，使国家走上民主政治的正轨。并且只有如此，"良政治可期，国利民福之旨可达"。他乐观地憧憬未来——"不五年间，当有可观，十年以后，则国基确定，富强可期，东亚天地，永保和平，世界全体亦受利不浅矣。"

宋教仁对中国政治制度的设计，表现了一位充满理想和热情的革命者对国家前途、民族命运的关注。但中国毕竟不是英、美等国，宋教仁对中国国情的认识太过于理想化。西方资本主义国家普遍经历了比较彻底的资产阶级民主革命，议会制度和政党政治已经发展成熟，成为实现和巩固民主共和的重要途径。但中国的资产阶级民主革命很不彻底，辛亥革命后成立的中华民国，也只不过是一块空招牌，中国半殖民地半封建的社会性质并没有改变，除君主专制政治制度外，封建的经济、社会和文化基础都没有被彻底破坏，而新兴的民族资产阶级犹如幼嫩的小草，力量非常软弱。在政府大权落入袁世凯之手，民军基本上被遣散净尽的情况下，幻想赤手空拳地以政党政治和议会制度为法宝，去和实力强大的袁世凯集团作斗争，其结果可想而知。

1913年1月26日，徐血儿在《民立报》发表《当今之政治家》一文，称宋教仁"行事颇有欧美政治家之步调，且能力持其政见，不稍屈挠"，可谓"当今第一流之政治家，而无有可以企及者"。宋案发生后，梁启超发表了《暗杀之罪恶》一文，声言："吾与宋君，所持政见，时有异同，然固确信宋君为我国现代第一流政治家。歼此良人，实贻国家以不可规复之损失。"

宋教仁的理想最终并没有能够实现，反而却为此而惨遭毒手。这是宋教仁的悲剧，也是近代中国民族资产阶级的悲剧。其悲剧性，就在于他既要与袁世凯争夺政权，又不敢于动用、甚至根本没有去认真思考动用革命暴力的必要性，仅仅把取胜的希望单纯寄托于合法的议会斗争上，试图照抄照搬在西方畅行无阻的资本主义议会民主，而全然不顾当时的中国社会根本不存在实施议会政治的条件。

宋教仁以他的鲜血和生命，向世人证明了资产阶级政党政治和议会制度在半殖民地半封建的中国根本行不通。

宋教仁年谱简编

1882 年　1 岁

4月5日出生于湖南省桃源县上坊村湘冲（今八字路乡渔父村）一个世代书香但已开始破落的地主家庭。父亲宋宗泮，母亲万氏，全家以务农为主业，兼营小商业。

1888 年　6 岁

入宋氏宗祠内的宋氏家塾读书，发蒙塾师为本宗宋苍宗。

1892 年　10 岁

父亲宋宗泮因病去世，家贫辍塾，从此在家中刻苦自学。

1894 年　12 岁

听到中国在中日甲午战争中战败的消息后，不禁痛哭流涕，并赋诗数首，以抒发悲愤之情，其中一句为："要当慷慨煮黄海，手挽倭头入汉关。"

1898 年　16 岁

在母亲的安排下，与长其4岁的方氏结婚。第二年方氏生下一子，取名宋振吕。

1899 年　17 岁

3月，入桃源县漳江书院学习，师从山长黄彝寿，受到其民族主义思想的影响。

1901 年　19 岁

奉母亲之命参加县试、府试，均获中，补博士弟子员（俗称秀才）。

1902年　20岁

秋，赴武昌投考文普通中学堂，以第一名的成绩被录取。

1903年　21岁

春，入武昌文普通中学堂学习，同学有曾毅、田桐、欧阳瑞华等，均不满清政府的统治，倾向革命。

8月，结识黄兴，成为挚友。

秋，因经常谈论革命，为官府所忌，被迫从文普通中学堂肄业，离鄂赴湘。

11月4日（九月十六日），在长沙西区保甲局巷彭渊恂家，参加黄兴召集的会议，与刘揆一、陈天华、章士钊等人共同商议筹建华兴会。

1904年　22岁

2月15日（清光绪二十九年十二月三十日），在长沙参加华兴会正式成立大会，被举为副会长。

春，与胡瑛赴鄂，在武昌设立华兴会湖北支部。

7月3日（五月二十日），与湖北进步学生吕大森等在武昌成立科学补习所，任文书。

是月，华兴会决定于11月16日（夏历十月十日），慈禧太后70岁生日时在长沙起义，岳州（今岳阳）、常德、衡州、浏阳、保庆五路同时响应，被委为常德一路负责人。

10月22日（九月十四日），回到家乡桃源，为起义筹款。

10月28日（九月二十日），长沙起义计划泄露，军警包围科学补习所，大肆搜捕。事后与欧阳瑞华同被文普通中学堂开除学籍。

11月5日（九月二十八日），由常德至长沙。当得知起义计划泄露后，潜赴武昌，转至上海。

12月5日（十月二十九日），由上海东渡日本。

12月8日（十一月初二），抵达日本长崎。

12月13日（十一月初七），经马关、神户，在横滨码头登岸，乘车来到东京，开始历时6年的海外流亡和留学生活。

1905年　23岁

1月3日（清光绪三十年十一月二十八日），在东京越州馆召集《二十世纪之支那》杂志发起人会议，被推举为杂志社暂行经理人。

1月8日（清光绪三十年十二月初三），被推举为《二十世纪之支那》杂志社总庶务。

1月15日（清光绪三十年十二月十日），拟定《中国新纪年》一书目录，改奉黄帝纪年为正朔，将黄帝即位元年（癸亥）作为"汉族开国之一大纪念"，是年即为"开国纪元四千六百零三年"。

2月1日（清光绪三十年十二月二十七日），入东京顺天中学校学习日语和英语。

3月10日（二月初五），入日本体育会习练徒手操及兵式操，不久又报名习练马术。

6月12日（五月十日），报名入东京法政大学法政速成科学习，兼在工艺学堂教授汉语。

6月24日（五月二十二日），《二十世纪之支那》第一期出版发行。

7月28日（六月二十六日），在《二十世纪之支那》杂志社与孙中山首次晤谈。

7月29日（六月二十七日），与黄兴、陈天华、刘揆一等商议与孙中山联合之事。

7月30日（六月二十八日），到东京赤坂区桧町三番黑龙会本部参加同盟会筹备会，被推为章程起草员。

8月13日（七月十三日），在东京麴町区富士见楼主持中国留日学生欢迎孙中山大会,并致欢迎词。

8月14日(七月十四日),得补官费留学。

8月20日(七月二十日),至东京赤坂区灵南坂日本国会议员版本金弥住宅参加中国同盟会正式成立大会,被举为司法部检事长。与程家柽等决定将《二十世纪之支那》交给同盟会作为机关报,任庶务干事兼撰述员。该报第2期被日本政府没收后,遂更名为《民报》继续出版。

9月10日(八月十二日),被湖南西路同乡会选为中国留学生总会馆评议员。

11月2日(十月六日),与胡瑛等组织联合会,领导中国留日学生反对日本政府颁布的《清国留学生取缔规则》。

1906年　24岁

1月13日(清光绪三十一年十二月十九日),日本政府迫于各方压力,撤销了《清国留学生取缔规则》。在斗争取得初步胜利的情况下,宋教仁及时地宣布解散联合会,反"取缔规则"斗争结束。

1月31日(一月初七),至早稻田大学报名,次日入留学生部预科壬班学习。

3月10日(二月十六日),应宫崎寅藏之兄宫崎民藏之约请,拜访俄国民粹党人彼尔斯特基,畅谈政治革命与社会革命问题。

7月6日(五月十五日),初晤章太炎于新宿孙毓筠寓所,谈及哲学研究法。

7月20日(五月二十九日),毕业于早稻田大学留学生部预科,成绩为所在壬班第一名。

12月17日(十一月初二),同盟会湖南分会开会,被举为副会长。

1907年　25岁

1月5日(清光绪三十二年十一月二十一日),黄兴赴河内策划钦、廉起义，遂代理同盟会庶务干事，主持本部日常工作。

2月28日（一月十六日），孙中山与黄兴围绕国旗图式问题发生激烈争吵，对黄兴大为同情，并因有感于孙中山的专横跋扈，萌生了"不如另外早自为计"的想法。

3月1日（一月十七日），向孙中山请辞同盟会代理庶务干事一职。

3月26日（二月十三日），与白逾桓及日本友人古川清乘船离日，赴辽东联络"马贼"（宋称"马侠"）。

4月1日（二月十九日），抵达安东（今辽宁丹东）。后即与大孤山"马贼"首领李逢春等结识，以创办实业为名，成立同盟会辽东支部。

5月，谋划发动起义，事情走漏风声后，潜至韩登举处，调查所谓"间岛"问题，并打入日本长白山会，摄取日方制造的伪证而归。

1908年　26岁

8月，根据其考察结果，在东京写成《间岛问题》一书，以确凿事实证明"间岛"（即吉林延边地区）自古属于中国领土，为清政府在对日谈判中保护图们江间岛地区提供了有力证据。

10月，发表公开信，重申在国内事务上同清政府不可调和的立场，要求清政府取消其正式留学生资格，撤掉月费金。

11月26日（十一月初三），日本东京地方法院审讯《民报》主编章太炎，宋教仁以"清语教授"身份充任翻译。因日本政府查禁《民报》，拟移于美国或法国出版，未果。

1909年　27岁

1月3日（清光绪三十四年十二月十二日），随黄兴在京都和宫崎寅藏、程家柽共商革命方略。

是月，与黄兴返东京，迁居西大久保"桃源寓"同住。

1910年　28岁

6月，拟与孙中山商议整顿同盟会事，未果。

秋，与谭人凤、林时塽、邹永成等谋组中部同盟会，并提出了著名的上、中、下"革命三策"。

12月31日（十一月三十日），离日归国。

1911年　29岁

1月，抵达上海，应社长于右任的邀请，担任《民立报》主笔。后以"渔父"为名发表时论文章多篇，盛享时誉。

4月中旬，赴香港参加筹备广州起义（黄花岗之役），接替陈炯明任统筹部编制课课长，拟定文告、约法及中央与地方的各种制度草案3巨册，准备在起义胜利之后颁布施行。

4月28日（三月三十日），由香港抵广州参加起义，闻听败讯后，即返香港。不久回到上海，仍任《民立报》主笔。

7月31日（闰六月六日），与谭人凤、陈其美等各省代表29人在湖州会馆召开中国同盟会中部总会正式成立大会，当选为总务干事，分掌文事部，起草总会章程、总务会暂行章程及分会章程。

9月16日（七月二十四日），湖北革命党人推派居正、杨玉如二人启程赴上海报告起义计划，并催请与黄兴、谭人凤等迅速莅临武昌主持大计。

9月25日（八月初四），居正、杨玉如2人抵达上海，报告湖北近况，邀赴武昌主持大计。不料此时，尚在武昌狱中的胡瑛派人送来密信，极言湖北不能发难，遂对居正报告疑信参半，加之欲待黄兴由港返沪，于是行程暂时被推迟。

10月15日（八月二十四日），武昌起义爆发后，在《民立报》上发表手撰《湖北形势地理说》社论，反复申言："今日之形势，以天下言之，则重在武昌，以东南言之，则重在金陵。"

10月24日（九月初三），与陈其美、沈缦云、范鸿仙等在民立报社开会，决定以联络商团、媾通士绅作为上海起义工作的重心，同时利用《民立报》宣传革命胜利消息，激励民气。

是日，黄兴由香港抵达上海。遂劝黄去南京率第九镇新军起义，经略江南之地，以削弱黎元洪的影响，但黄未纳其议。

10月28日（九月初七），与黄兴一同抵达武昌，参加革命政府工作，协助胡瑛办理外交，并参与起草《鄂州临时约法草案》。

11月1日（九月十一日），出席湖北军政府军事会议，对湖南都督焦达峰被杀甚为愤慨，对黎元洪"只贺新都督，不问旧都督"表示不满，与黄兴悻悻然退席。

11月2日（九月十二日），与田桐、居正等谋举黄兴为湖南湖北大都督，未能成功。

11月10日（九月二十日），同黎元洪一起与袁世凯所派代表蔡廷干、刘承恩谈判议和条件，坚持民主共和，反对君主立宪，要求袁世凯首先倒戈北伐，推翻清廷，然后再言其他。

是夜，与日本友人北一辉等乘日轮"大利丸"号离武汉顺流东下，谋划成立由革命党人控制的中央政府。

11月20日（九月三十日），以湖南都督府代表名义，在上海参加各省都督府代表联合会。

12月3日（十月十三日），和于右任等抵达南京，调解各军将领之间的矛盾，拥程德全为江苏都督，林述庆为北伐军总司令，徐绍桢为援鄂军总司令。

12月4日（十月十四日），委欧阳瑞华为个人代表，参加各省都督府留沪代表会议，鼓动推举黄兴为大元帅，黎元洪为副元帅。

12月9日（十月十九日），被委任为江苏都督府政务厅厅长。

12月17日（十月二十七日），各省都督府代表在南京改举黎元洪为大元帅，黄兴为副元帅，代行大元帅职权，在南京组织中央临时政府。

12月26日（十一月初七），由南京抵达上海，参加同盟会干部会议，同意推举孙中山为临时大总统，但坚持总统不掌握实权的责任内阁制。

12月27日（十一月初八），与黄兴由上海返回南京，参加各省都督府代表会议，讨论政府组织体制，提出实行责任内阁制，但被否决。

12月29日（十一月初十），17个省的代表在南京开会选举临时大总统，孙中山以16票当选。

1912年　30岁

1月1日，参加孙中山就任临时大总统的典礼。

1月15日，被孙中山委任为总统府法制院（由于隶属总统府，级别低于各部，时人多称其为"法制局"）总裁。

2月12日，清帝溥仪宣布退位。

2月15日，临时参议院选举袁世凯为临时大总统。

2月18日，被孙中山委任为欢迎员，随专使蔡元培赴北京，迎请袁世凯南下就职。

2月26日，迎袁专使团抵达北京，受到袁世凯"隆重"欢迎和"热情"款待。

2月29日，北京兵变，避居六国饭店。

3月2日，与蔡元培等联名致电南京临时政府，主张速建统一政府，对袁世凯不南下就职进行迁就。

3月3日，同盟会在南京召开会员大会，被举为政务部主任干事。

3月29日，唐绍仪内阁组成，被任命为农林总长。

4月20日，抵达北京。

4月27日，就任唐绍仪内阁农林总长一职。

5月13日，在北京临时参议院宣布政见，提出农林部的主要目标是提高土地的生产力，具体办法是垦土地、修林政、兴水利。

5月24日，召开水产司办事员会议，商定水产司行政方针。

6月30日，参加国务会议，提出关于官制、行政、裁兵、理财等政见。

6月28日，出席同盟会职员会议，讨论组织内阁问题，主张纯粹政党责任内阁，同盟会员加入他党内阁者，开除党籍。

7月8日，因不满袁世凯破坏《临时约法》，辞去农林总长之职。

7月16日，参加同盟会职员会议，商讨同盟会改组事宜。

7月21日，出席同盟会会员大会，主张联合统一共和党，争取在正式国会中占多数席位。在会上被选为总务部主任干事，主持同盟会工作。

8月5日，同盟会、统一共和党、国民公党开始商谈合并事宜，不久国民共进会、共和实进会闻讯后也派代表赶来参加，一致决定以"国民党"为新党名称，并通过五条政纲。

8月11日，五党合并正式筹备会在北京举行，宋教仁被推为临时主席。五党均表示同意谈判结果，赞成合并。

8月25日，国民党在北京举行成立大会，宋教仁被选为理事。

9月3日，宋教仁与黄兴等7位理事推举孙中山为理事长。不久，宋教仁被孙中山委任为代理理事长。

10月18日，宋教仁离开北京，沿京汉铁路南下，布置国民党各省支部参加国会竞选事宜，并顺道回乡省亲。

1913年　31岁

1月8日，在国民党湖南支部欢迎会上发表演说，阐述国民党的责任，开始国会竞选活动。

1月9日，在湖南铁道协会欢迎会上发表演说，提倡民办铁路。

1月11日，参加湖南筹蒙会成立大会，被推为名誉会长，发表演说，指出沙俄是侵略中国的"戎首"。

1月17日，在湖南农务总会、工业总会、商务总会、木业公司联合举行的欢迎会上发表演说，强调发展实业。

2月1日，由湖南抵达湖北。在国民党湖北支部欢迎会上发表演说，声称要用政治的见解同敌党进行斗争。

2月10日，在国民党武汉交通部欢迎会上发表演说，抨击袁世凯政府的内外政策。

2月15日，到达上海。

2月19日，在国民党上海交通部欢迎会上发表演说，指出宪法是共和政体的保障。

2月23日，在杭州出席国民党浙江支部欢迎会，号召国民党员为建设政府而努力。

3月8日，由上海抵达南京。

3月9日，在国民党南京支部欢迎会上发表演说，简述自己的政治主张。

3月10日，由南京返回上海，开始与国民党其他领导人商讨在国会中的党略问题，并拟定《代草国民党之大政见》。

3月17日，出席救国社欢迎会，被推为名誉社长。

3月18日，在国民党交通部公宴上发表演说，认为国民党的目的在于排除原有恶习，吸收文明空气，达到真正共和。

3月20日晚10时45分，应袁世凯之邀拟北上赴京议事，在上海沪宁车站遭到凶徒武士英的枪击。

3月22日凌晨4时48分，在上海铁路医院伤重而逝，时年31岁。

4月13日，国民党上海交通部在宋园举行追悼宋教仁大会，参加者2万余人。

6月26日，宋教仁被安葬于上海宋园（今闸北公园）。